Oetinger

Die schwedischen Originalausgaben der Einzelbände
erschienen bei Rabén & Sjögren Bokförlag, Stockholm,
unter den Titeln
Alfons och hemlige Mallgån © Gunilla Bergström 1976
Listigt, Alfons Åberg © Gunilla Bergström 1977
Aja baja, Alfons Åberg © Gunilla Bergström 1973
God natt, Alfons Åberg © Gunilla Bergström 1972
In deutscher Übersetzung erstmalig erschienen
im Verlag Friedrich Oetinger, Hamburg,
Willi und sein heimlicher Freund 1979 *
Ganz schön schlau, Willi Wiberg 1992 *
Pass auf, Willi Wiberg 1974 **
Gute Nacht, Willi Wiberg 1974 **
Deutsch von *Angelika Kutsch, ** Silke von Hacht
Einband und farbige Illustrationen von Gunilla Bergström
Reproduktion: Domino Medienservice
Druck und Bindung: Offizin Andersen Nexö, Leipzig
Printed in Germany 2009
ISBN 978-3-7891-6348-7

www.alfons.se
www.oetinger.de

Gunilla Bergström

Die schönsten Geschichten von Willi Wiberg

Deutsch von Angelika Kutsch
und Silke von Hacht

Verlag Friedrich Oetinger · Hamburg

Bilderbücher über Willi Wiberg

Bist du feige, Willi Wiberg?
Gute Nacht, Willi Wiberg
Hör zu, was ich erzähle, Willi Wiberg!
Mach schnell, Willi Wiberg
Mehr Monster, Willi Wiberg
Nur Mut, Willi Wiberg!
Was sagt dein Papa, Willi Wiberg?
Was schenkst du deinem Papa, Willi Wiberg?
Wer rettet Willi Wiberg?
Willi Wiberg kann jetzt Schleifen machen
Wir bauen eine neue Welt, Willi Wiberg
Wo bist du, Willi Wiberg?

Inhalt

Willi und sein heimlicher Freund
10

Ganz schön schlau, Willi Wiberg
36

Pass auf, Willi Wiberg
61

Gute Nacht, Willi Wiberg
84

Willi und sein heimlicher Freund

Das hier ist Willi Wiberg.
Er langweilt sich und Papa will nicht spielen.
„Nein, ich habe jetzt keine Zeit."
Dann sagt Papa:
„Aber du hast ja Alfons!
Geh und spiel ein bisschen mit Alfons …"

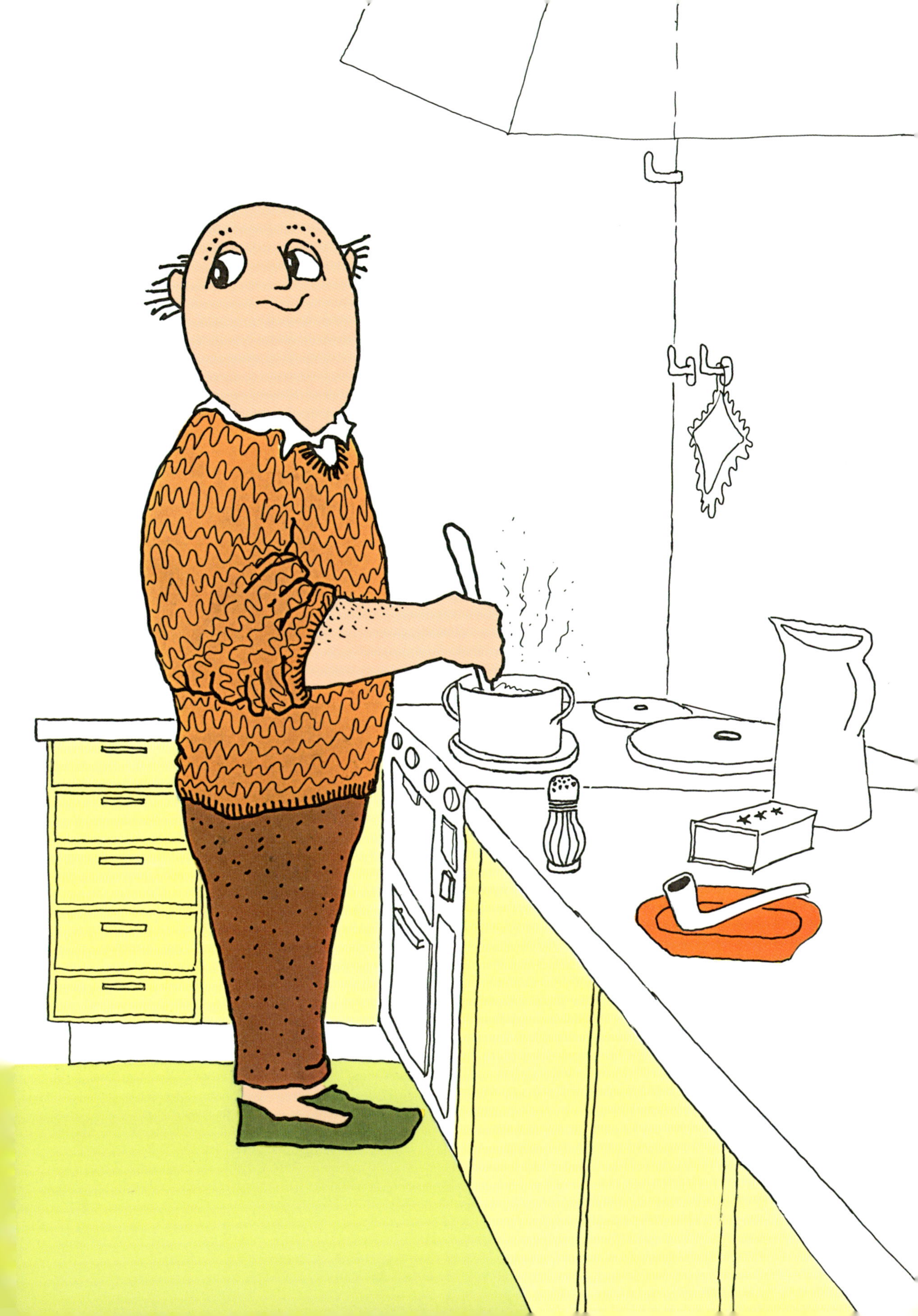

Natürlich, er hat ja Alfons!
Alfons ist ein heimlicher Freund, der immer kommt, wenn Willi es will. Er ist so heimlich, dass nur Willi ihn sehen kann.
Jetzt will Alfons gern spielen.
Sie nehmen Schachteln und Kästen und bauen einen Zug.
„Ganz vorn muss eine Dampflok mit Schornstein sein", sagt Alfons.
Das findet Willi auch.
Dann tun sie etwas VERBOTENES –
sie leihen sich Papas beste Pfeife als Schornstein!
Es wird ein feiner Zug, und Willi und Alfons spielen und haben Spaß.
Aber plötzlich ...

15

... ist die Pfeife weg!
Wo ist sie nur geblieben?
Willi und Alfons drehen alle Zug-Kästen um,
ja, sie suchen überall.
Es war Papas Lieblingspfeife, die man
absolut nicht ausleihen

und mit der man absolut nicht spielen darf ...
Wo kann sie nur sein?
Das will Papa auch wissen.
Er kommt an die Tür und ruft:
„Hast du meine Pfeife gesehen, Willi?"
„Nee", sagt Willi.

Papa ist böse, als er den Tisch deckt.
„Blöde Pfeife. Wenn ich bloß wüsste, wo sie ist",
sagt er seufzend und holt Teller aus dem Schrank.
Einen Teller für Willi, einen für Papa.
„Soll Alfons nichts zu essen kriegen?", erinnert Willi ihn.
„Oh, das habe ich ganz vergessen, entschuldige", sagt Papa
und stellt auch einen Teller für Alfons auf den Tisch.

19

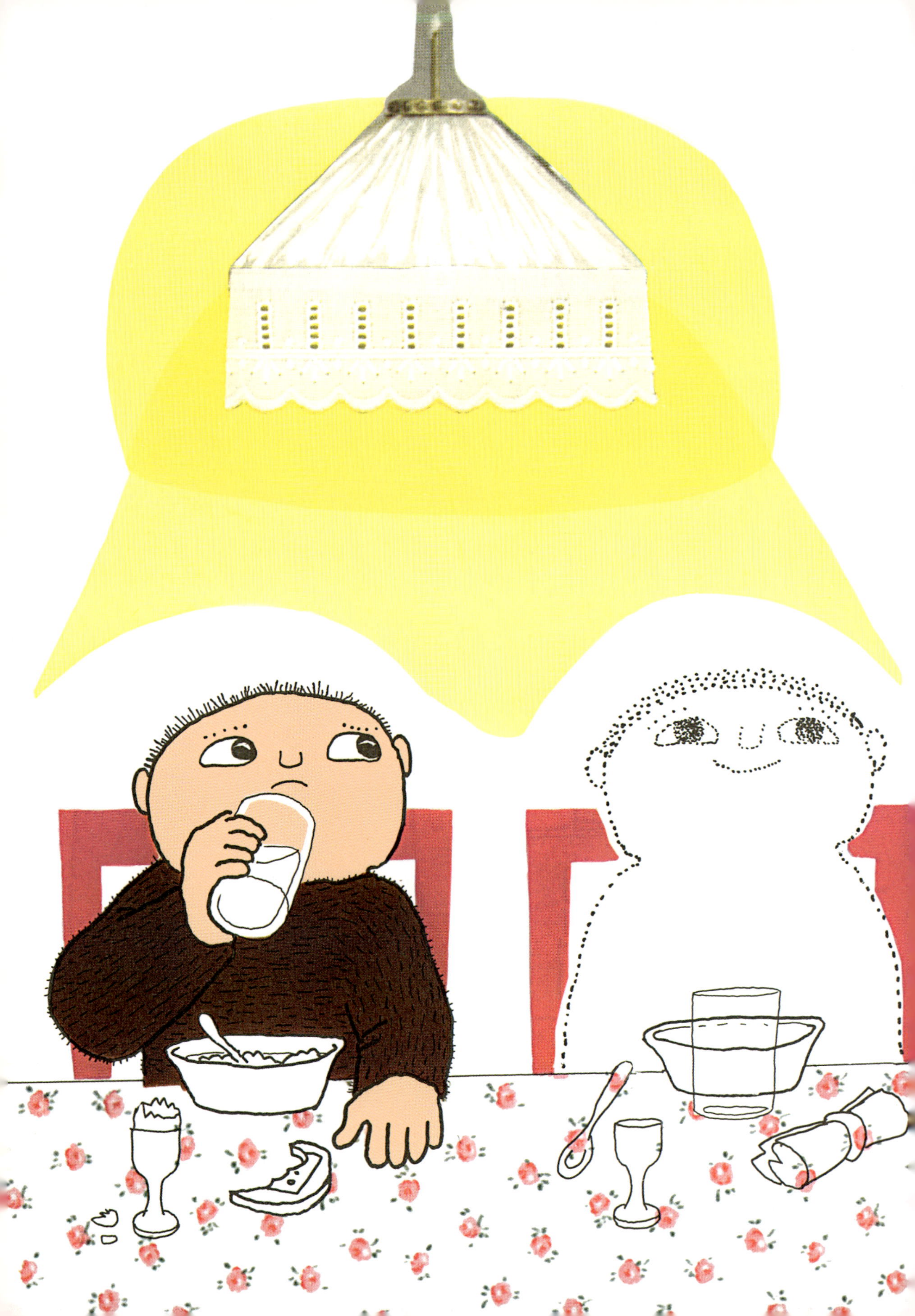

Alfons hat seinen Platz zwischen Papa und Willi. Sonst ist es so lustig beim Essen. Aber heute nicht. Heute sind sie still. Papa mault. Er kann nicht wie sonst nach dem Essen seine Lieblingspfeife rauchen. Mehrere Male seufzt er und sagt: „Blöde Pfeife. Wo kann sie nur sein …?"

Papa mault auf dem ganzen Weg zum Kindergarten.
Eilig hat er es auch.
Willi kommt nicht richtig mit.
„Warte ein bisschen", ruft Willi,
„Alfons kann nicht so schnell."
„Oh, das hab ich vergessen, entschuldige bitte",
sagt Papa und geht ein bisschen langsamer.

Stop
150 m

KINDERGARTEN

Öffnungszeiten
7 bis 19 Uhr

Montag: Schwimmen

Als sie beim Kindergarten ankommen, nimmt Papa Willi fest in den Arm. „Bis heute Nachmittag. Vielleicht habe ich meine Pfeife im Büro vergessen. Ich werde gleich nachsehen", sagt Papa. „Geh noch nicht", bittet Willi ihn. „Du hast Alfons vergessen. Alfons will auch in den Arm genommen werden."
„Natürlich, entschuldige", sagt Papa. Und dann muss er sich noch einmal herunterbeugen wegen Alfons.

Am Nachmittag fahren sie mit dem
Bus nach Hause.
Papa will neben Willi sitzen.
Aber das geht nicht.
„Hier sitzt doch Alfons", sagt Willi.
„Du kannst dich doch nicht auf
Alfons setzen."
„Oh, entschuldige, entschuldige",
sagt Papa und setzt sich
auf die Bank dahinter.
Dann erzählt er,
dass die Pfeife auch
nicht im Büro war.

„Guck mal, ein Auto!",
sagt Willi.
Er will nicht von
Pfeifen reden.
Lieber von Autos.

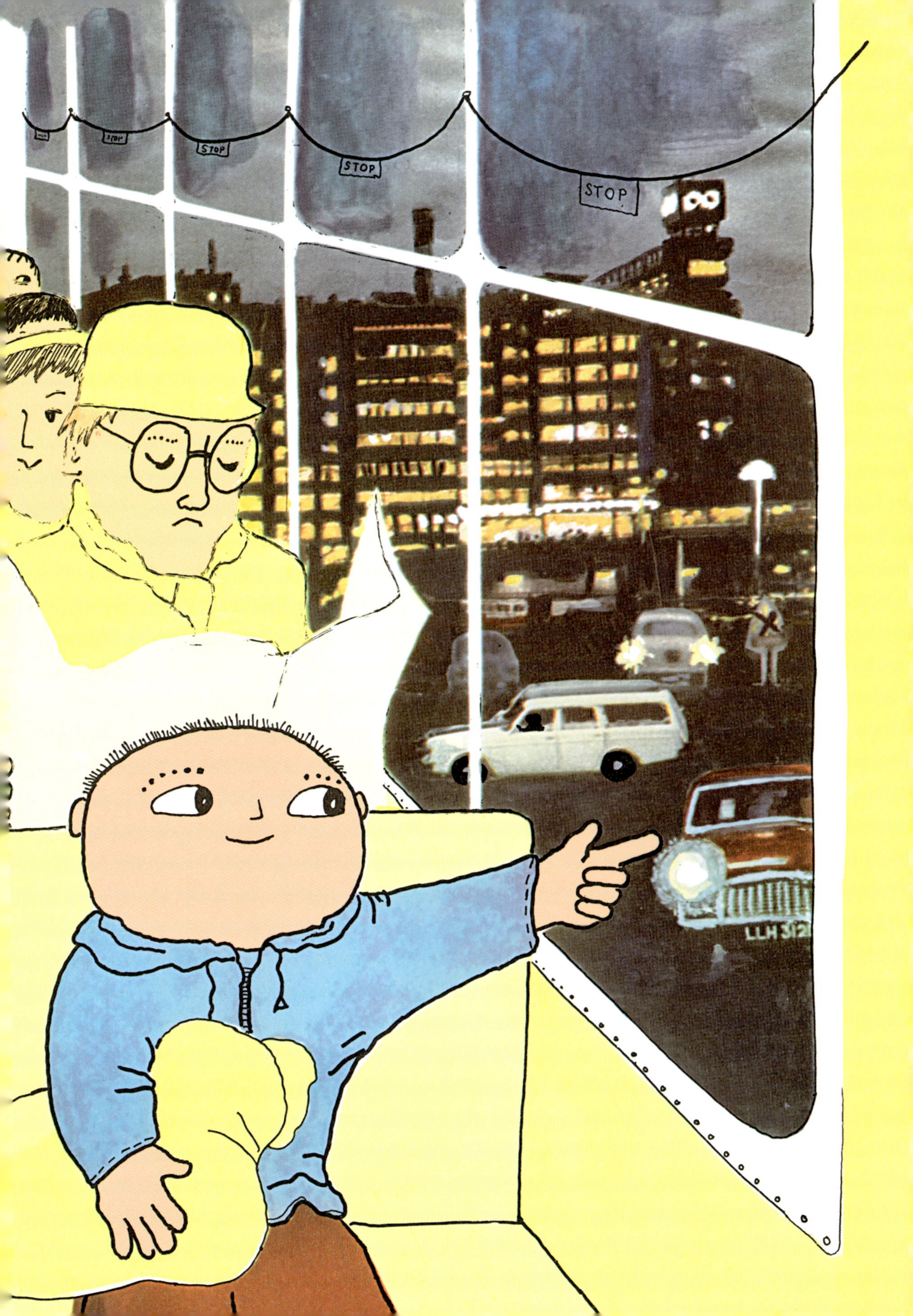
STOP
STOP
STOP
LLH 312

Zu Hause im Flur hängen sie die Mäntel auf. Willi möchte, dass Papa Alfons auch aus dem Mantel hilft.
Aber jetzt will Papa nicht mehr.
„Das kann Alfons sicher selbst. Ich mag nichts mehr von Alfons hören. Alfons sollte eine Weile ausziehen, finde ich", sagt er.

Dann holt er ein Päckchen aus der Tasche.
Willi freut sich.
„Darf ich es sofort öffnen?"
„Nein, das ist nicht für dich. Es ist für Alfons",
sagt Papa. „Ich finde, Alfons sollte ein
Abschiedsgeschenk haben, wenn er auszieht."
Willi schaut das Päckchen an.
Er möchte gern wissen, was drin ist.
Dann sagt er:
„Alfons **ist** schon ausgezogen. Jetzt ist er weg."
„Schon weg?", sagt Papa. „Ja, dann musst du
das Päckchen nehmen."

Willi öffnet es in seinem Zimmer.
Oh, zwei neue Batterien für die Taschenlampe.
Er setzt sie ein und probiert die Taschenlampe
überall im Zimmer aus.
Wie gut sie jetzt leuchtet ...
Plötzlich sieht er etwas ... bei der Tür!
Etwas Geheimnisvolles guckt darunter hervor.
Das ist ja ...

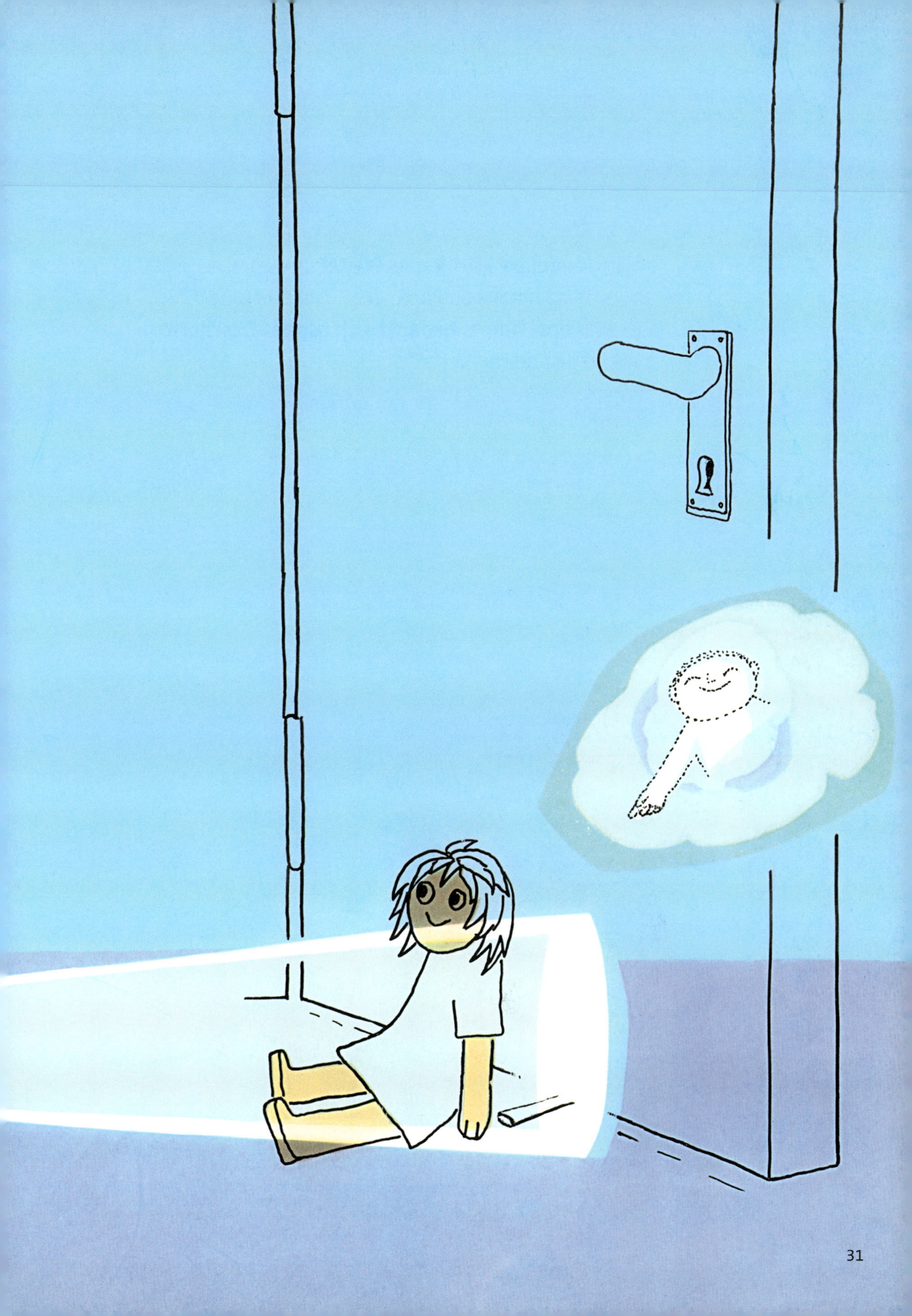

… die Pfeife! Da liegt Papas Pfeife!
Willi stürzt hinaus zu Papa.
„Papa! Papa! Alfons bedankt sich für das Geschenk
und hier ist deine Pfeife."

33

Papa zündet die Pfeife an. Er freut sich und sagt:
„Wo kommt denn die her?"
„Alfons hat sie gefunden.
Er hat den ganzen Tag gesucht und gesucht –
und jetzt hat er sie gefunden", sagt Willi.
„Aber Alfons ist doch ausgezogen?
Du hast gesagt, Alfons
ist von uns weggezogen", sagt Papa.
„Das **ist** er auch", antwortet Willi.
„Nur **manchmal** kommt
Alfons wieder. Aber das
merkst du nicht."

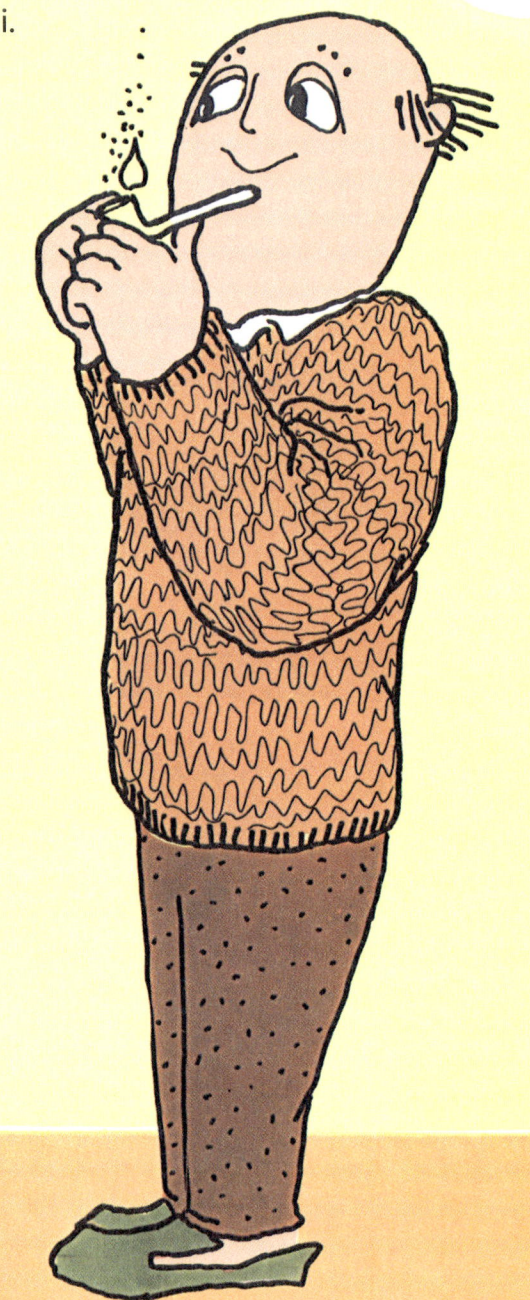

Ganz schön schlau, Willi Wiberg

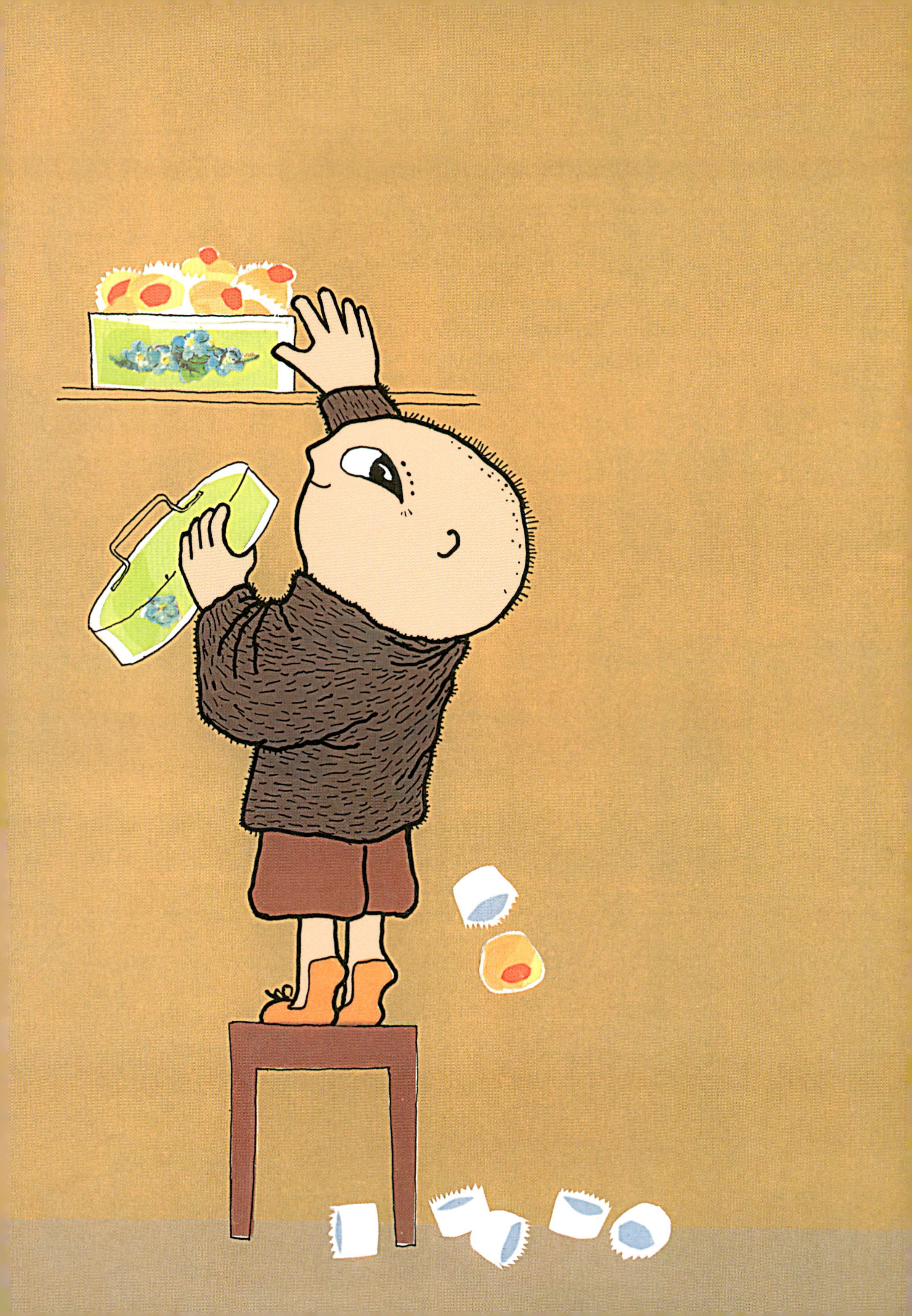

Das ist Willi Wiberg. Heute ist er bei Großmutter zu Besuch.
Seine großen Cousins sind auch da.
Sie sind sieben und neun Jahre alt und gehen zur Schule
und haben eine Uhr und können lesen.
Willi ist also der Kleinste.
Das ist blöd. Der Kleinste darf oft nicht mitspielen.

„Du bist ja noch so klein, du kapierst ja noch nichts",
sagen die großen Cousins.
Das hat Willi so satt …
Aber wartet nur ab!
Das wird sich heute ändern! Und dafür wird er sorgen!

Bei Großmutter ist es immer sehr gemütlich.
Sie hat immer Zeit. Sie ist fröhlich und lieb.
Sie spielt gern Spiele mit den Kindern und bietet ihnen
immer Kekse aus ihrer schönen Keksdose an.
Bei ihr darf man sich fast so viele Kekse nehmen, wie man möchte!
Sie essen, was sie können.
Aber schließlich sagt Großmutter doch:
„Na, jetzt reicht es. Sonst bleibt uns nachher kein Keks
zum Saft übrig. Kommt, lasst uns lieber Karten spielen."

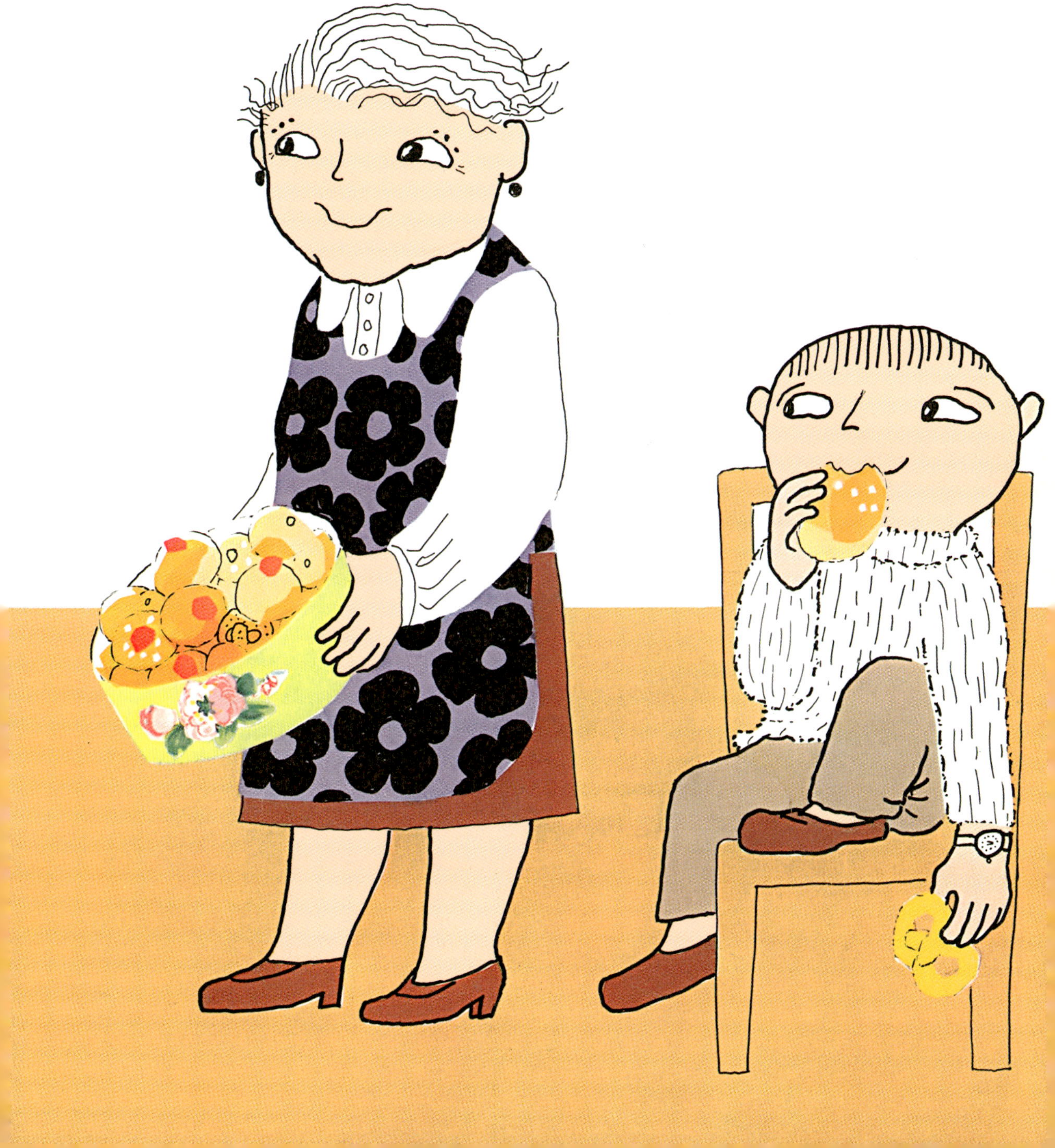

Sofort sagen die Cousins:
„Aber Willi darf nicht mitspielen. Er ist noch viel
zu klein. Er kapiert ja noch nichts."
Willi ist traurig. Er tröstet sich mit noch einem Keks aus
der Keksdose, die auf dem Küchentisch steht.
Die Cousins verpetzen ihn. „Guck mal, er hat sich noch
einen genommen!"
Großmutter stellt die Keksdose einfach weg, oben ins
Regal, und sagt: „Das macht nichts."
„Aber vielleicht sind es jetzt nicht mehr genug zum
Saft", jammern die Cousins. „Und wieso durfte er mehr
nehmen – und wir nicht?"

„Aber Willi ist doch noch so klein,
er kapiert ja nichts", antwortet Großmutter.
„Das habt ihr doch selbst gerade gesagt.
Kommt, jetzt wollen wir spielen."

Und wieder darf Willi nicht mitspielen!
Er bleibt allein in der Küche. Da ist es besonders dunkel
und traurig, wenn man der Kleinste ist und nicht mitspielen darf …

Er hört, wie die anderen im Wohnzimmer Karten spielen.
Sie haben Spaß und sind fröhlich. „Karo und Herz", sagen sie.
Ach, ich Armer, denkt Willi. Ich bin wirklich zu bedauern,
weil ich so klein bin.

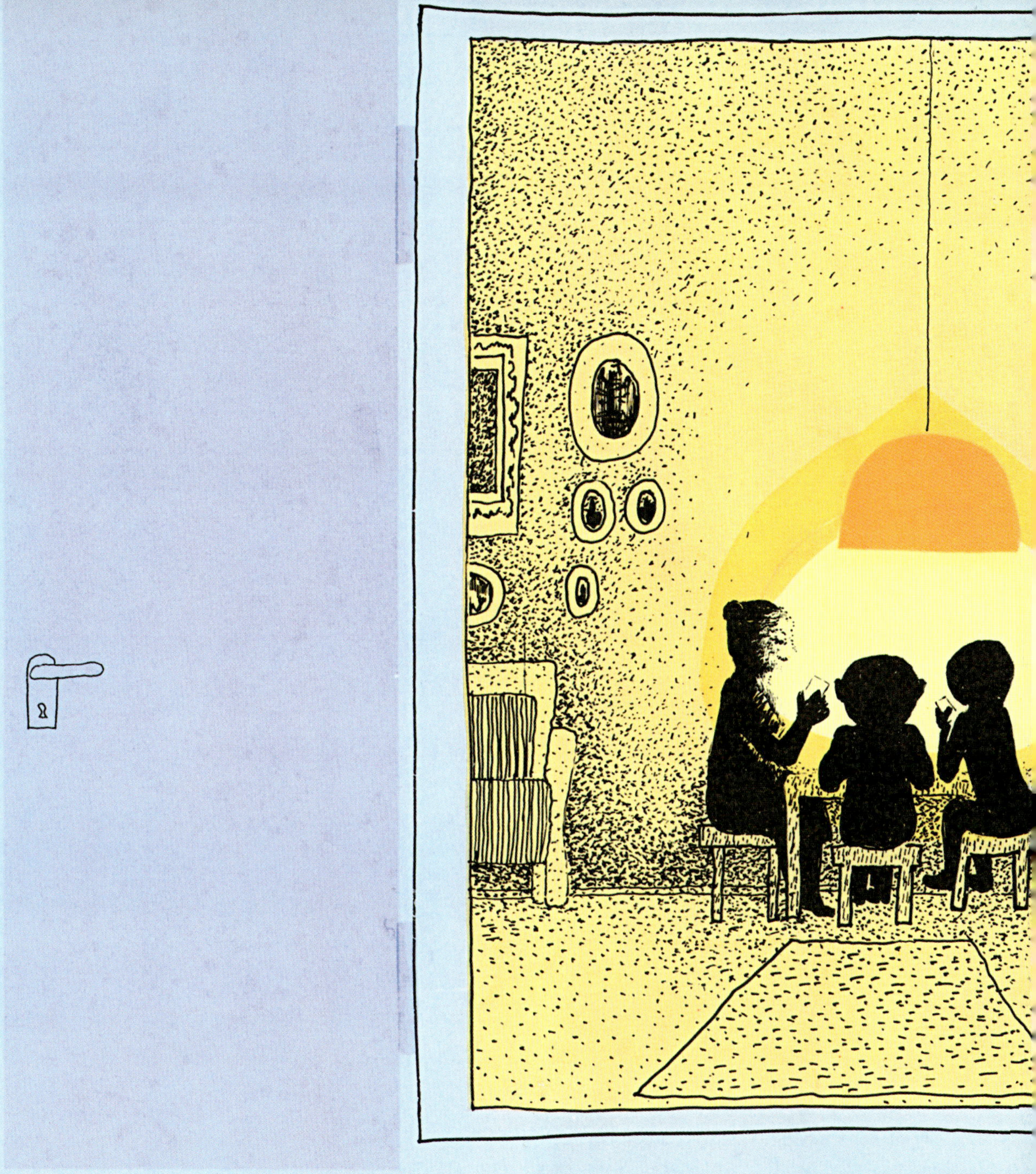

Ja, ich bin ja noch so klein,
ich k-a-p-i-e-r ja gar nichts,
denkt er und schielt zum Regal hinauf,
zu der Keksdose.
Sie steht hoch oben.
Und er ist ja noch so klein!
Nichts kapiert er!
Und an nichts kommt er ran.
Oje, wie hoch, das sieht er ja ...
Vielleicht schafft er es aber mit dem
Küchenhocker?

Vorsichtig holt Willi den Hocker.
Großmutter und die Cousins hören überhaupt nichts.
Die spielen und spielen.
„Herz und Pik", sagen sie.

Willi steigt auf den Hocker.
Mmm ...
Das sind leckere Kekse.
Er will nur noch
einen nehmen ...
Wie lange spielen die
bloß im Wohnzimmer?
Sind sie nicht bald fertig?

Nein. „Karo und Kreuz", sagen sie.
Sie sind zusammen und sie sind fröhlich.
Aber Willi ist allein – und traurig.
„Ich Armer, dass ich so klein bin und
nichts kapier."
Nur noch einen Keks, den braucht er.
Und noch einen.

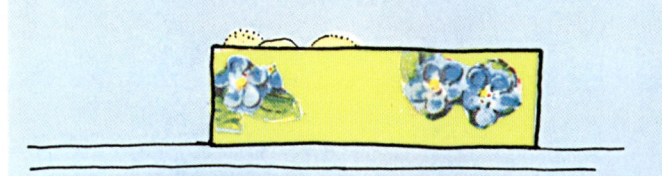

Willi tut sich noch viele, viele Male leid.
Er isst und isst.
Und die anderen spielen und spielen.
Es dauert schrecklich lange ...

Endlich rufen die Cousins:
„Komm, Willi, jetzt wollen wir Fotoalben angucken!"

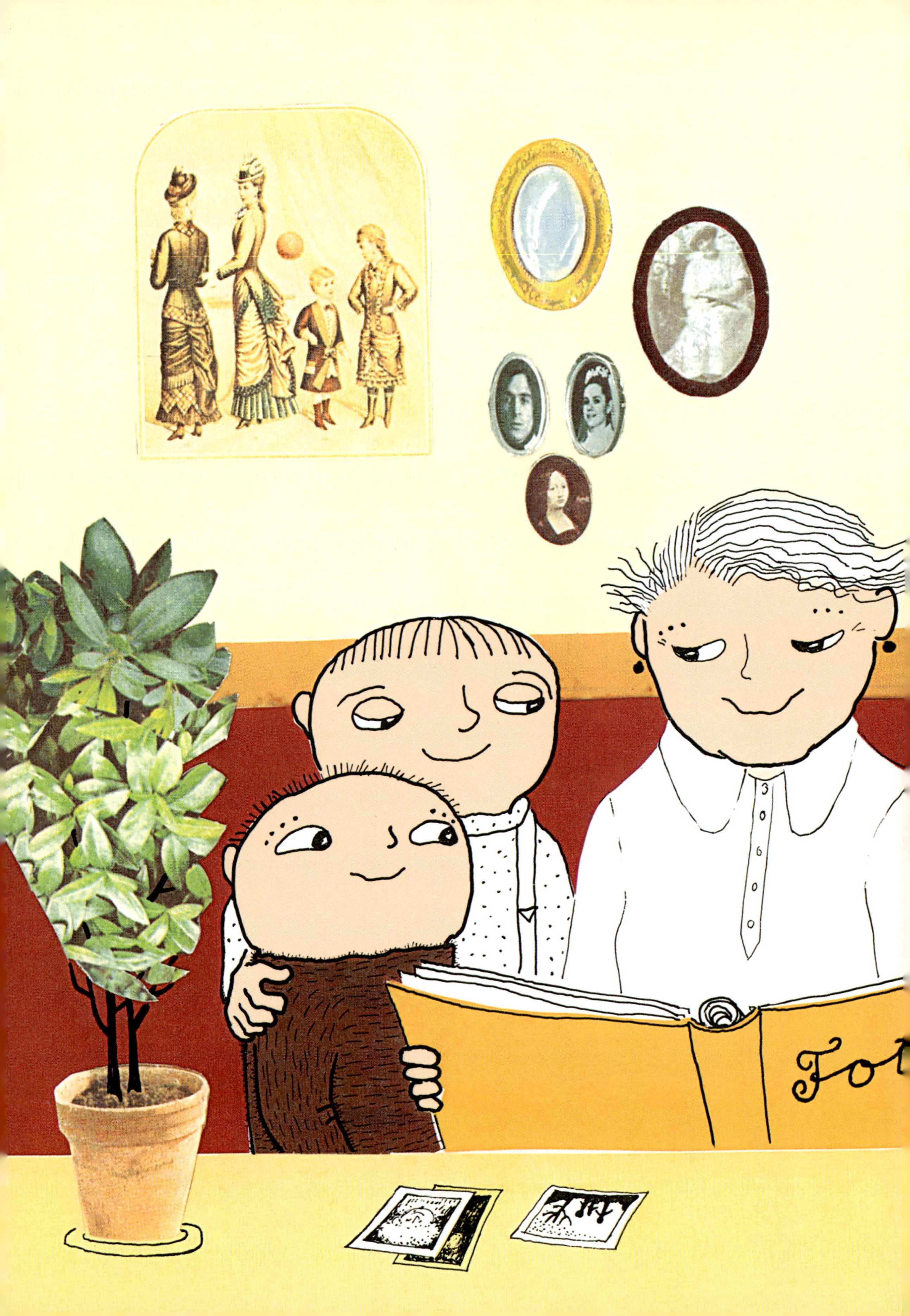
Fot

Dann sind sie wieder alle zusammen. Willi ist auch dabei. Es ist wunderbar.
Sie sitzen auf dem Sofa. Großmutter blättert in alten Fotoalben und zeigt Bilder von früher und erzählt von der Zeit, als sie ein kleines Mädchen war.
Es ist sehr gemütlich. Wunderbar, gemütlich, lustig, wie sie da alle zusammensitzen …
Es ist lustig, bis Großmutter sagt:
„Jetzt hol ich Saft und Kekse für euch."
Sofort springen die großen Cousins auf und sagen:
„Das wollen wir machen! Wir können das allein.
Wir sind groß …

... wir können alles allein auf das Tablett stellen und
es hertragen." Sie stürzen in die Küche.

Großmutter und Willi warten auf dem Sofa. Sie hören,
wie die Cousins Schränke öffnen und mit Gläsern klirren.
Aber dann wird es plötzlich sehr komisch – so leise.
„Was treiben sie denn da?", sagt Großmutter verwundert.
Eine ganze Weile ist aus der Küche kein Laut zu hören.

„Vielleicht sollten wir ihnen doch helfen?",
sagt Großmutter schließlich.
Da hören sie ein Gebrüll aus der Küche.
Ein furchtbar **wütendes Gebrüll**.
Sind das die Cousins, die so brüllen?
Oje, was für ein **S-c-h-r-e-i**!

Doch, es sind die Cousins. Sie wollten
die Kekse in die Schale aufs Tablett legen.
Sie holten die Keksdose vom Regal herunter.
Sie öffneten die Keksdose.

Und da – ihnen blieb der Mund
offen stehen.
Denn da ist nicht mehr viel übrig.
Nur noch ein einziger Keks!

Sie sind außer sich vor Wut und zeigen
auf Willi und brüllen:
„Das ist er gewesen!"
„Ja, er hat alles aufgegessen, während
wir Karten gespielt haben. Pfui, wie
gemein!"

Die großen Cousins sind so wütend,
dass sie sich auf Willi stürzen
und ihn verhauen wollen.

Aber jetzt ist Willi dran!

56

Er macht sich winzigklein wie ein winziges Baby;
lutscht fast am Daumen und piepst mit Baby-Stimme:
„Ihr dürft mich nich haun, ich din ja noch so dlein."
Dann sagt er:
„Und ob ich die Kekse nehmen durfte. Ihr habt selbst
gesagt, dass ich noch so klein bin und nichts kapier."

Da kapieren die Cousins, dass Willi schon ganz schön
groß ist und sehr viel kapiert.
Sie sehen einander an und ziehen Grimassen und
sagen seufzend:

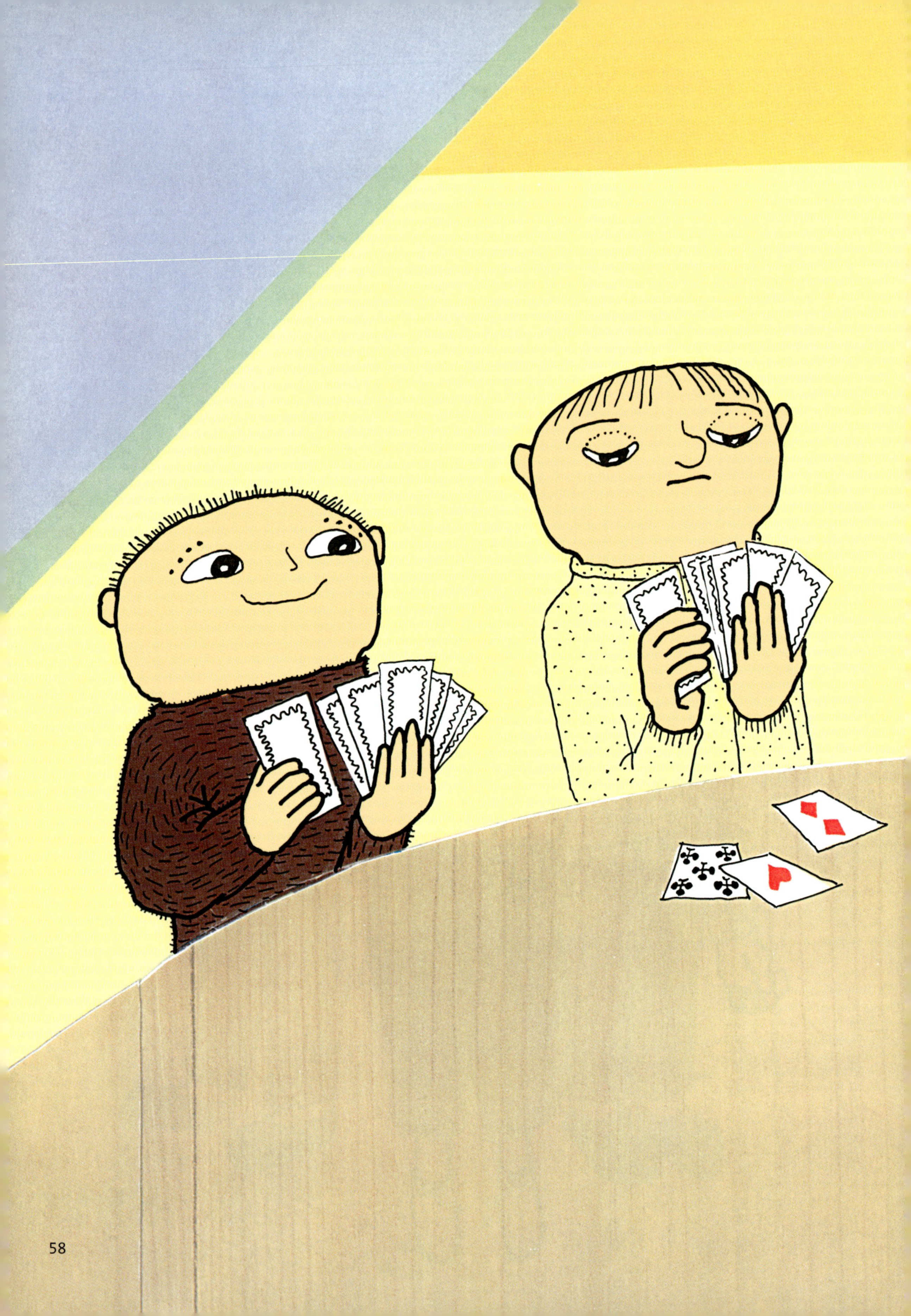

„Okay, dann darf Willi ab jetzt wohl mitspielen. Und Karten spielen lernen. Oder was meinst du, Großmutter?"

Doch, das findet Großmutter auch.

Von diesem Tag an darf Willi immer mitspielen.
Die Cousins sagen nie mehr, dass er zu klein ist und nichts kapiert.
Und wie die Spielkarten heißen, hat Willi auch gelernt.
Pik, Karo, Herz und Kreuz – so heißen sie.

Pass auf, Willi Wiberg

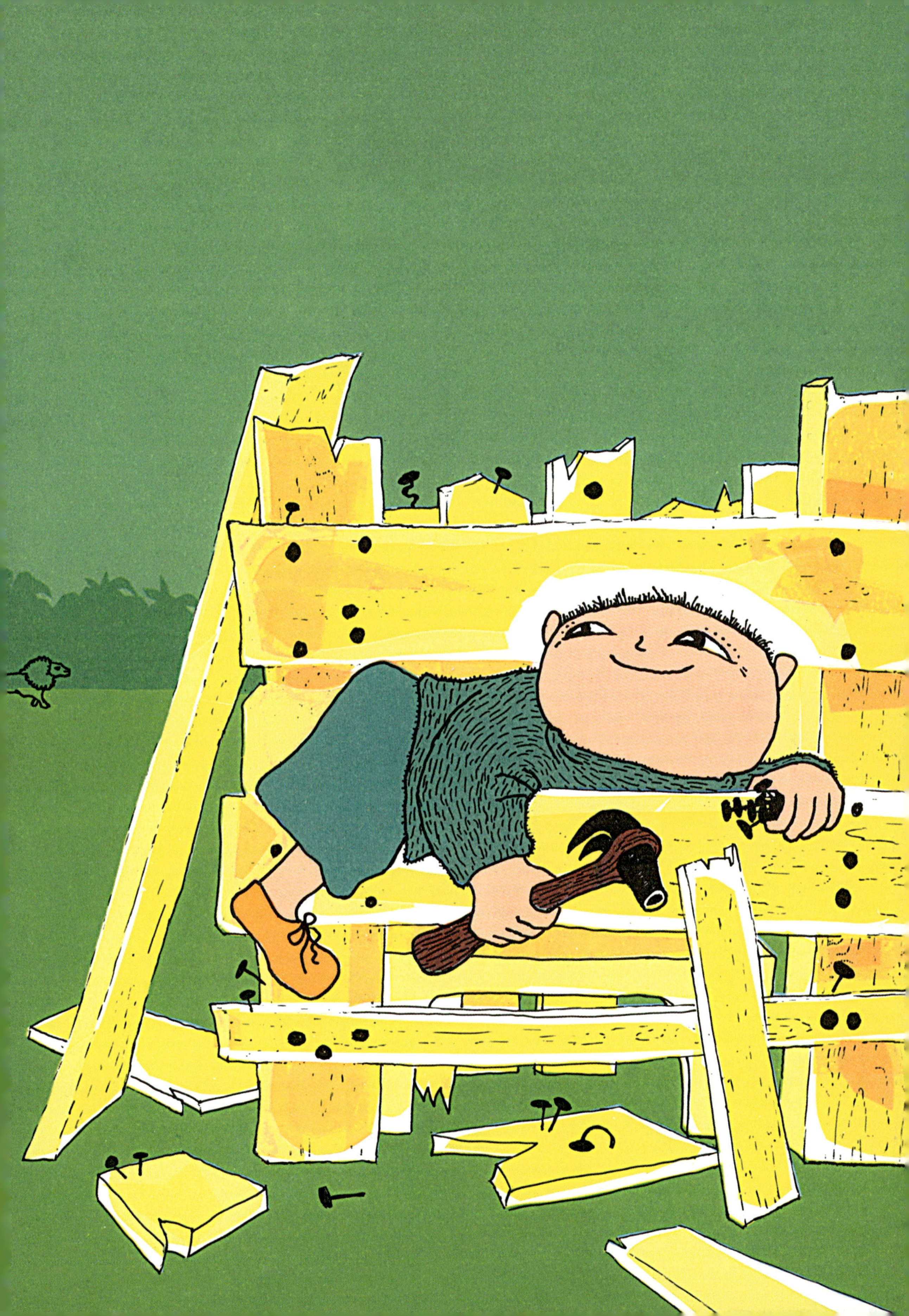

64

Das hier ist Willi Wiberg,
fünf Jahre alt.
Zwei Dinge mag er besonders gern:
Am schönsten ist es, wenn
Erwachsene mit ihm spielen; aber
Papa will nicht immer mit ihm spielen.
Das Zweitbeste ist die Abstellkammer,
denn dort steht Papas Werkzeug-
kasten. Aber Willi darf nicht damit
spielen.
„Du könntest dir mit der Säge wehtun",
sagt Papa. „Spiel lieber mit Pussel."
Pussel ist Willis Katze.

ostade
et »THOM
sställ, spritlampa,
olika kemikalier och andra tillbehör. Förpackade i
entkartonger med inredning av plast med plats för
52-sidig, rikt ill. handbok på svenska beskriver utför-
ment.
ratorieset I. För 30 intressanta experiment. 23.25
orieset II. För 50 moderna och intressanta experi 35.0
orieset IV. Över 80 intressanta experiment o 49.
än 125 mycket trevliga och giva 86.
En verklig lyxsats. Pris
SATSER
erimentsatser är att ge ett verl
erande hobby, och de experi
tänke på denna synpunkt.
experiment kan utföras utan m
sätt kan bli minst sagt en hobby.
som mycket annat. Samtliga
presentförpackningar med pla
ämnen finns i glaskolvar med
etterade.
ent noggrant beskrivna i innehåll
rimentsats 1. Innehåller allt erfor
a experiment. Pris pr styck
xperimentsats 2.
30 Experi
stort och myck-
orsett med uppfällba
uppfällt läge. Försed
olerat ädelträ. Målbu
med spelare i plastm
fotbollspel som fin
stor skicklighet i d
AUTOMAT »
Spelautomat.
Användes och fu
stoppar in ett m
följande poletterr
Ni tur kan få en
nnehåll. Höjd 1
r styck
GA NYA ISH
61 STIGA PRO
styrenplast.

Aber an manchen Tagen will Papa ganz in Ruhe gelassen werden. Dann will er Zeitung lesen oder fernsehen und überhaupt nicht mit Willi spielen.
An solchen Tagen kann man auch an den Werkzeugkasten gehen. Wenn Väter in Ruhe gelassen werden wollen, kümmern sie sich nicht weiter um das, was man tut. Heute ist es so.
Papa liest Zeitung.
„Kann ich deinen Werkzeugkasten haben?", fragt Willi.
„Mmm", sagt Papa. „Aber pass mit der Säge auf."

Willi holt den Werkzeugkasten.
Bretter holt er auch. Die sind schwer.
Im Werkzeugkasten sind Nägel, Schrauben,
ein Schraubenschlüssel, ein Meißel, ein Hammer,
eine Zange, ein Zollstock und die Säge.
Willi rührt die Säge nicht an.

Er nimmt sich ein paar Nägel und einen Hammer.
Bumm, bumm, bumm!, macht es.
Papa liest.
„Du rührst doch nicht etwa die Säge an?", fragt er hinter seiner Zeitung.
Aber Willi hat ja nur den Hammer, die Säge rührt er nicht an.

Die Bretter reichen nicht aus, das sieht Willi.
„Darf ich den kaputten Schemel haben?", fragt er.
„Mmm", antwortet Papa hinter seiner Zeitung. „Aber rühr die Säge nicht an!"
Willi holt den Schemel.
Die Säge rührt er nicht an.

Jetzt muss er Maß nehmen.
„Papa, darf ich deinen Zollstock haben?",
fragt er.
Papa liest und liest.
„Mmm", antwortet er nach einer ganzen Weile.
„Aber fass die Säge nicht an."
Willi nimmt den Zollstock und misst.
Die Säge nimmt er nicht.

Dann schlägt sich Willi mit
dem Hammer auf den Daumen
und das tut ganz schön weh.
Aber er sagt nichts.

Jetzt hat er falsch gehämmert.
Der Nagel ist krumm geworden und
muss herausgezogen werden.
„Darf ich deine Zange haben, Papa?",
fragt Willi noch einmal.
„Mmm", sagt Papa da. „Wenn du nur
die Säge in Ruhe lässt ..."
Willi nimmt die Zange und zieht
den Nagel heraus. Die Säge lässt er
liegen.

Dann hämmert Willi lange weiter und sagt nichts.
Man hört nur den Hammer. Bumm, bumm, bumm!
Ein komisches Ding baut er da.
Soll das ein Zaun werden oder eine Hütte?
Nun ist er fertig.
„Papa, guck mal, was ich gebaut habe!", ruft Willi.
Papa liest und liest.
„Oh, wie schön!", sagt er dann hinter seiner Zeitung.
Aber er guckt überhaupt nicht hin. „Du nimmst doch nicht etwa die Säge?", fragt er nur.
Das tut Willi nicht und das kann er auch gar nicht.
So weit reicht Willi gar nicht mit dem Arm.

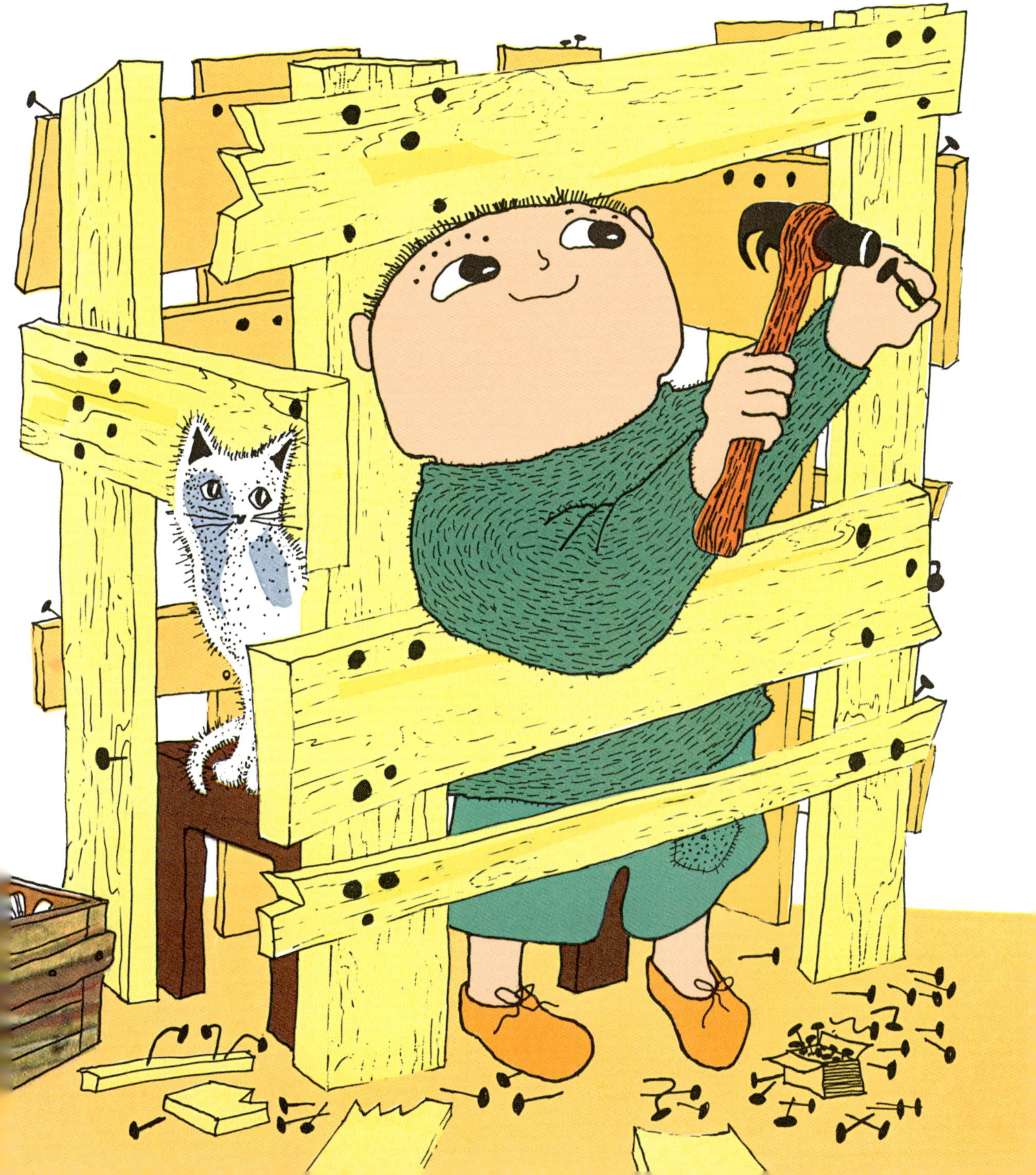

74

Sieh mal! Es ist ein Hubschrauber geworden. Willi spielt, dass er über den Dschungel fliegt. Es ist mitten in der Nacht. Der Mond scheint. Er sieht eigenartige Wälder und gefährliche Tiere: Elefanten und Tiger und Giraffen. Und Pussel ist ein Löwe geworden.
Da raschelt Papa mit der Zeitung und sagt: „Du nimmst doch wohl nicht die Säge?"
Aber gerade das hat Willi vor, denn …

… er ist im Dschungel bei dem Löwen gelandet, und oh!
Der große, gefährliche Löwe kommt direkt auf ihn zu.
„Hilfe!", schreit Willi. „Ich sitze hier fest und der Löwe will mich fressen.
ICH BRAUCHE DIE SÄGE!"
„Nicht die Säge", sagt Papa hinter seiner Zeitung.
Aber Willi ruft noch immer:
„Hilfe! Hilfe!"

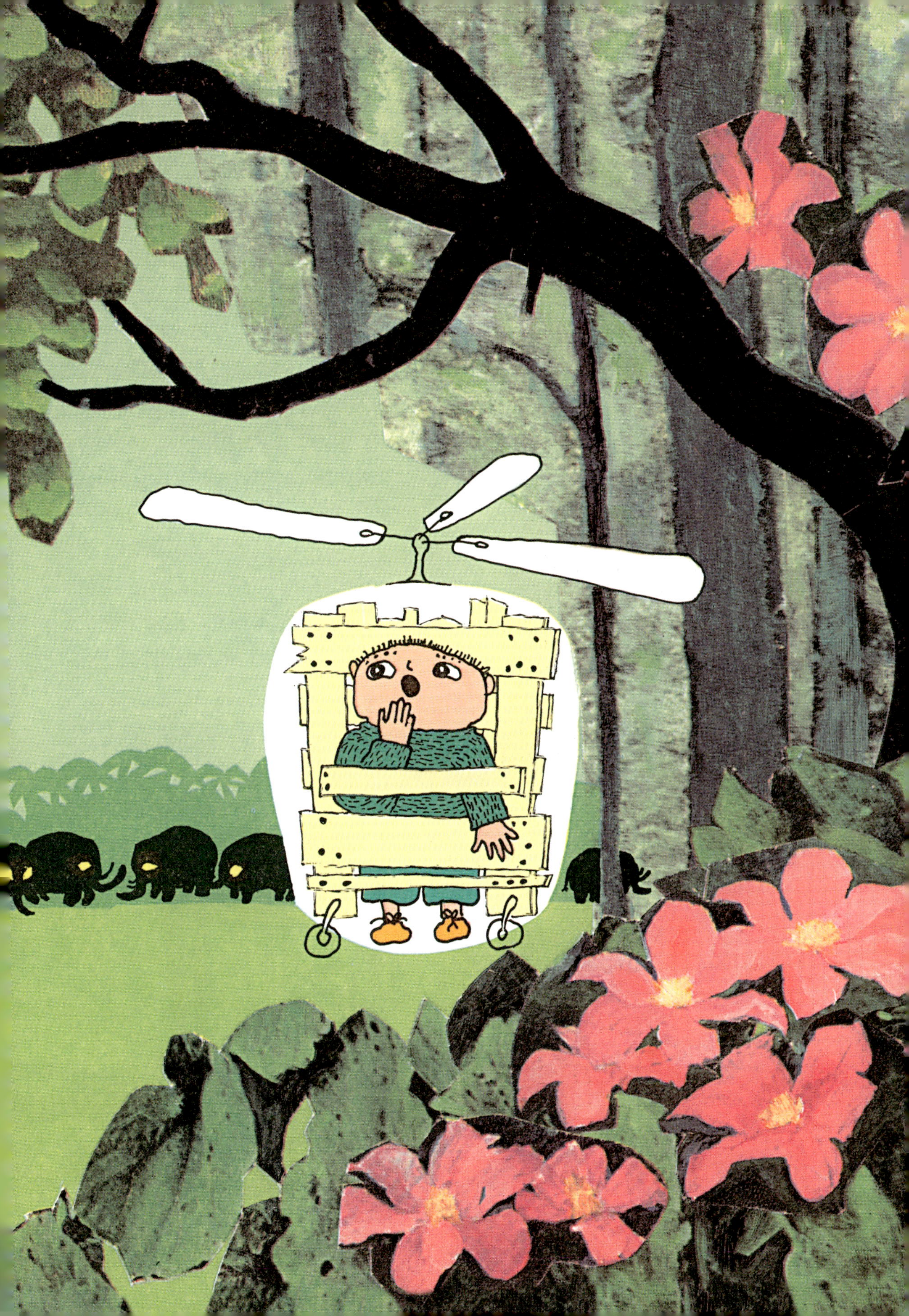

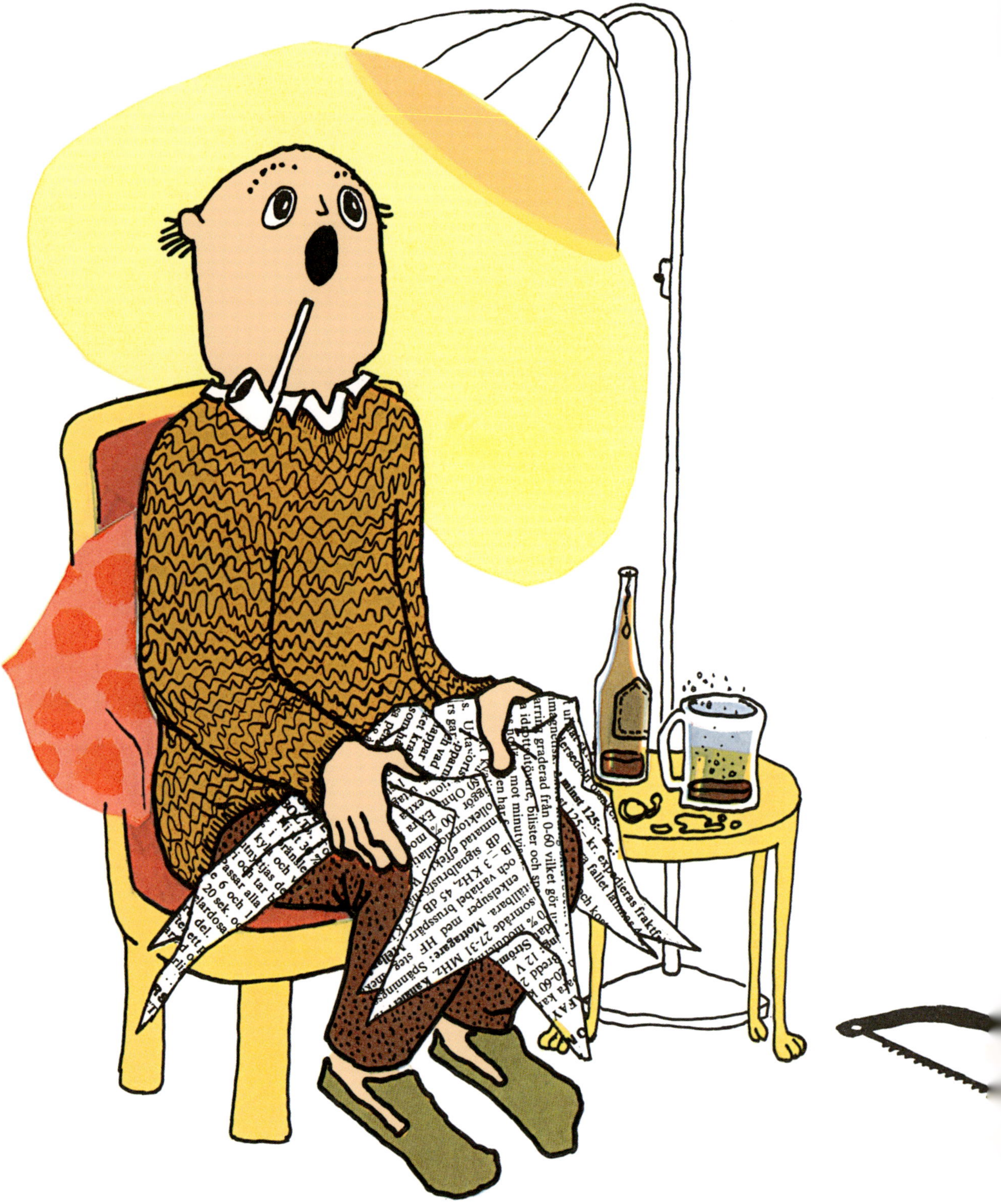
graderad från 0-60 vilket gör
bilister och
minst 125:- kr.

Jetzt guckt Papa von seiner Zeitung auf.
„Willi, Willi, was hast du gemacht?"
„Ich hab einen Hubschrauber gebaut
und bin mitten im Dschungel gelandet",
sagt Willi.
„Aber du bist ja eingesperrt, wie
willst du herauskommen?", ruft Papa
erschrocken.
Willi macht ein pfiffiges Gesicht
und sagt:
„Wenn du mir die Säge gibst,
kann ich mich heraussägen."
„Nein", sagt Papa, „die Säge ist
zu gefährlich."
Willi quengelt: „Der Löwe ist auch
gefährlich und ich muss aus dem
Hubschrauber heraus."
Papa guckt sich den Hubschrauber
an und findet, dass er ganz prima ist.
Er sagt:
„Kann ich nicht mitkommen?
Dann fliegen wir zusammen von dem
Löwen weg."

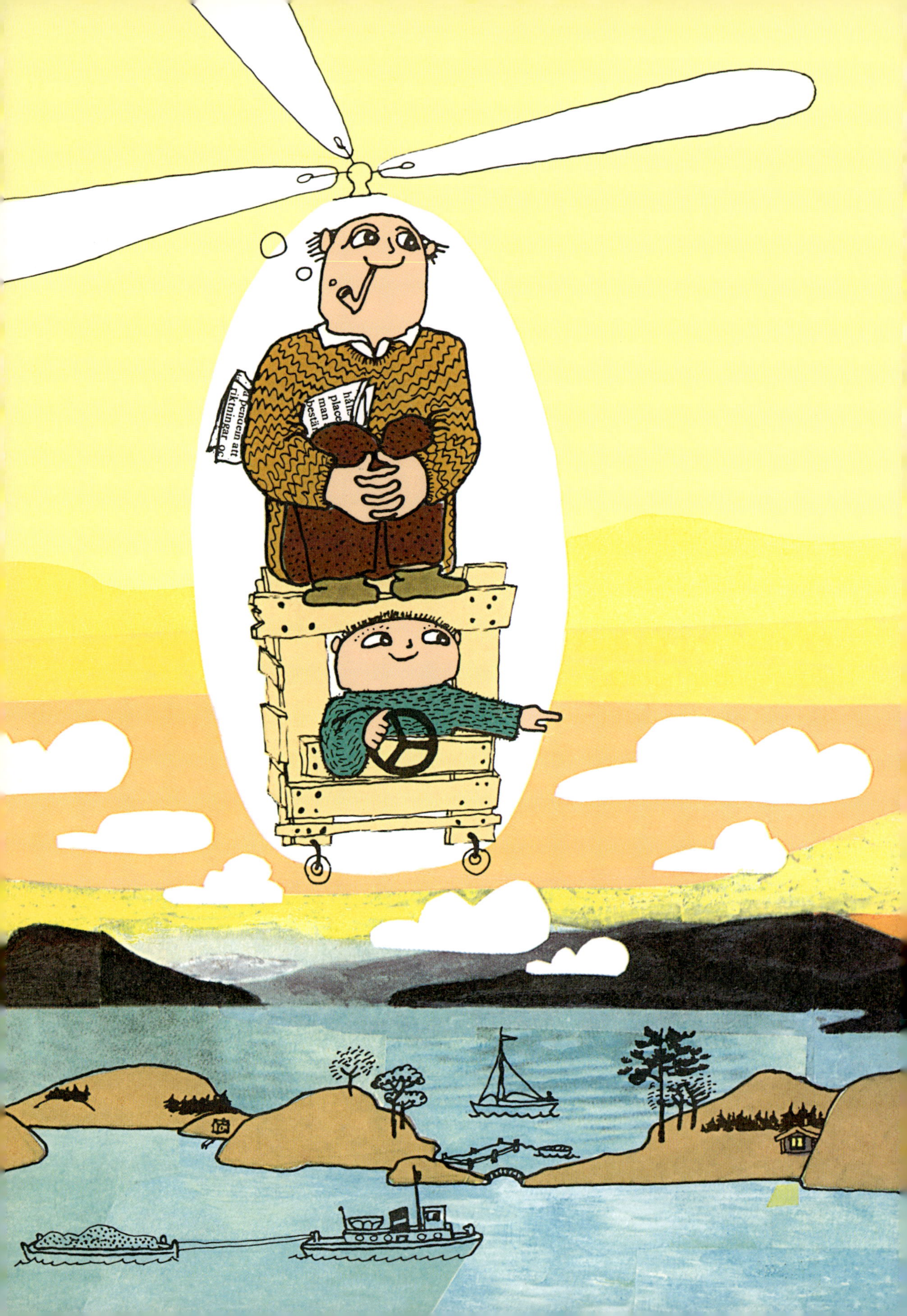

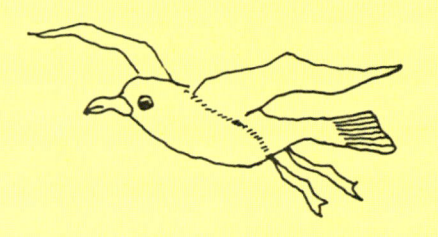

Und genau das möchte Willi am liebsten. Papa steigt auf. Willi steuert. Endlich spielt Papa mit. Sie fliegen hoch in die Luft und weit weg und sehen eine ganze Menge Schiffe und Autos und Flugzeuge und Wolken. Weit, weit fliegen sie, bis …

… im Fernsehen die Nachrichten beginnen. Da muss
Papa zurück. Sie landen zu Hause im Wohnzimmer. Papa
steigt aus und sagt:
„Warte einen Augenblick, Willi. Ich helfe dir heraus.
Ich hole nur die Säge."
Da aber ruft Willi:
„Nein, nein, nicht die Säge! Du könntest dir wehtun, ich …

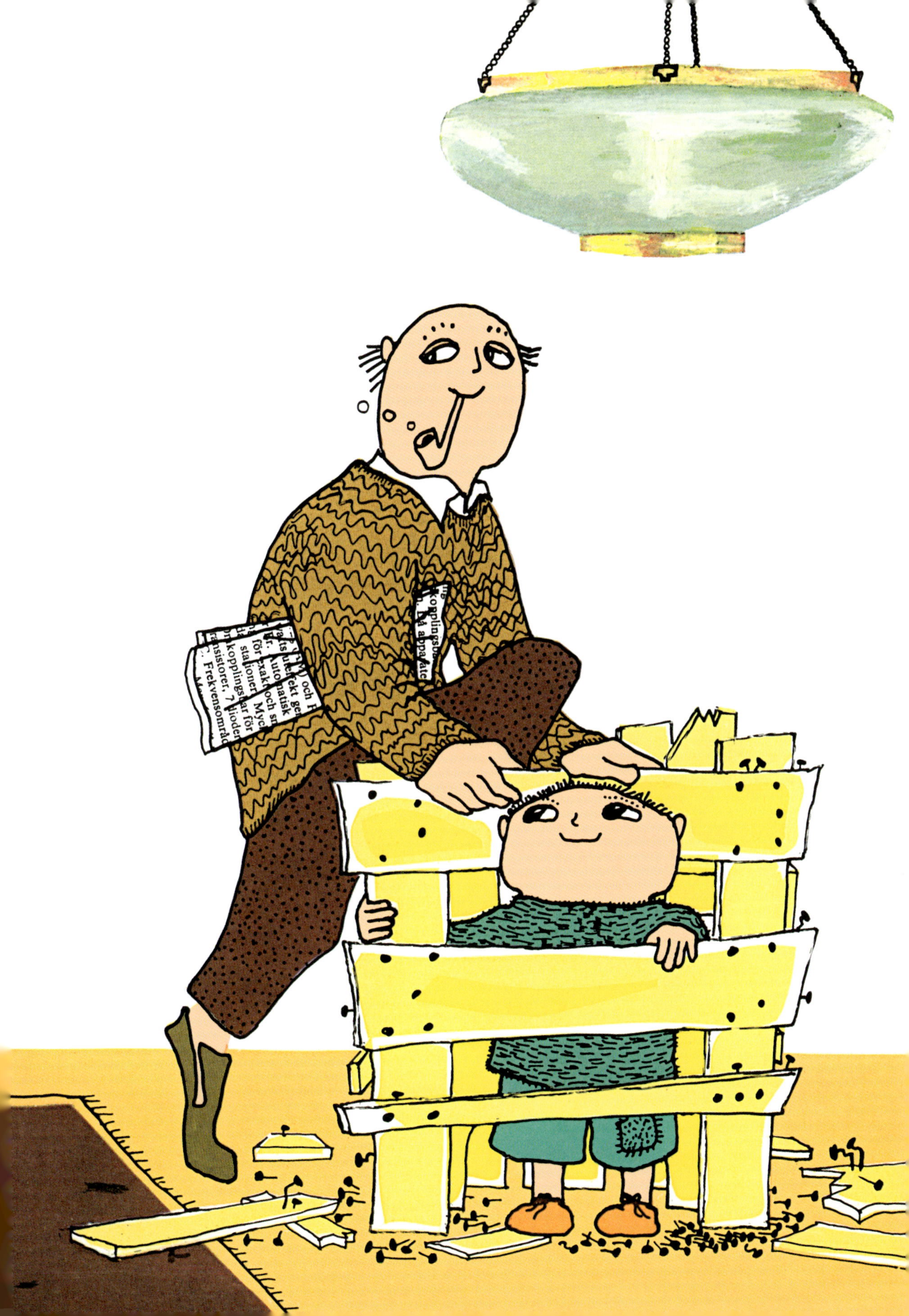

„… ich kann herauskommen. Ich habe nur so getan, als ob ich festsitze."
Und Willi klettert heraus. Er ist glücklich, denn Papa hat mit ihm gespielt. Und den Werkzeugkasten hat er auch gehabt.
Papa lacht nur: „Hahaha! Oje, oje, Willi Wiberg, hast du mich aber hereingelegt!"

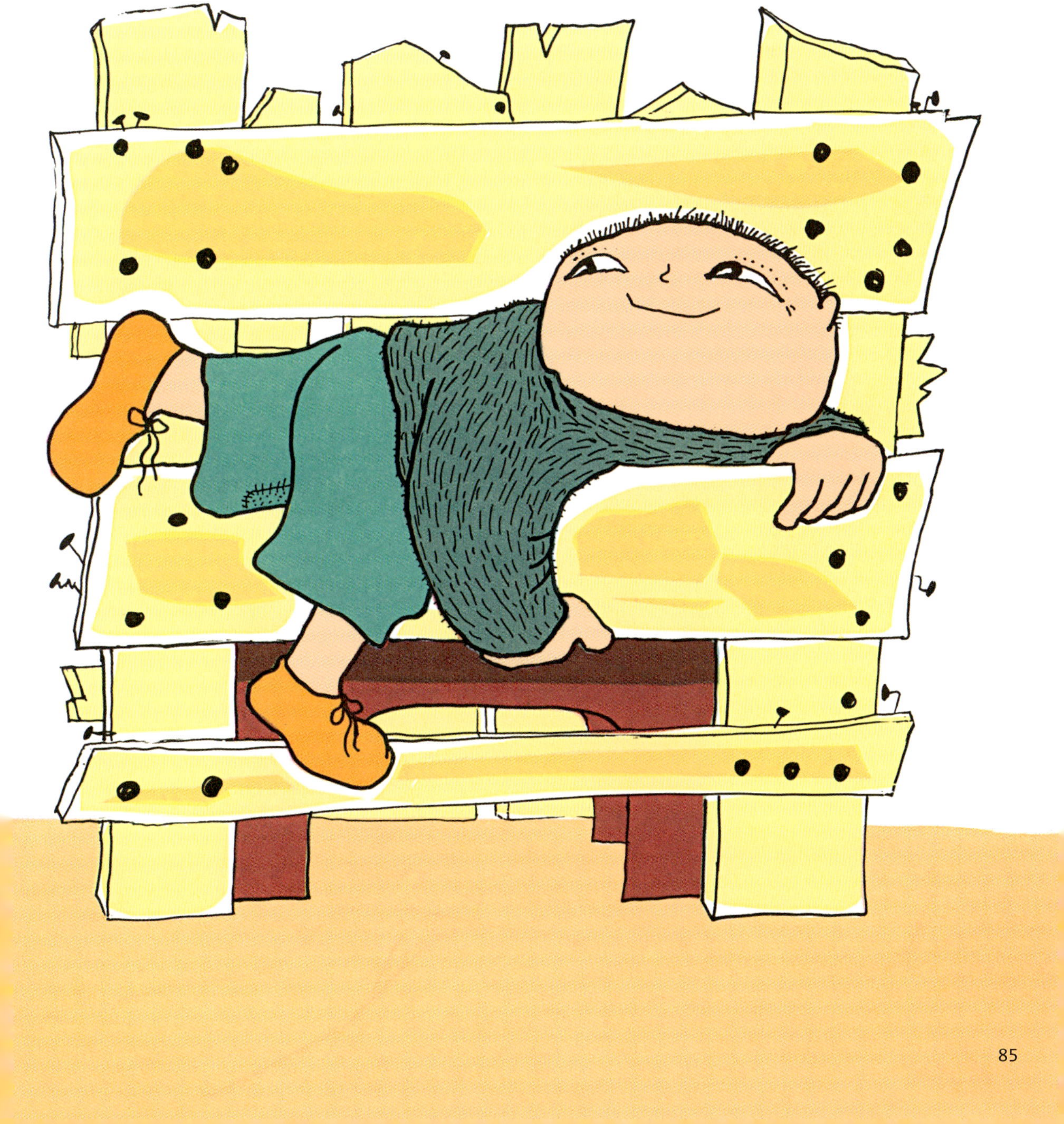

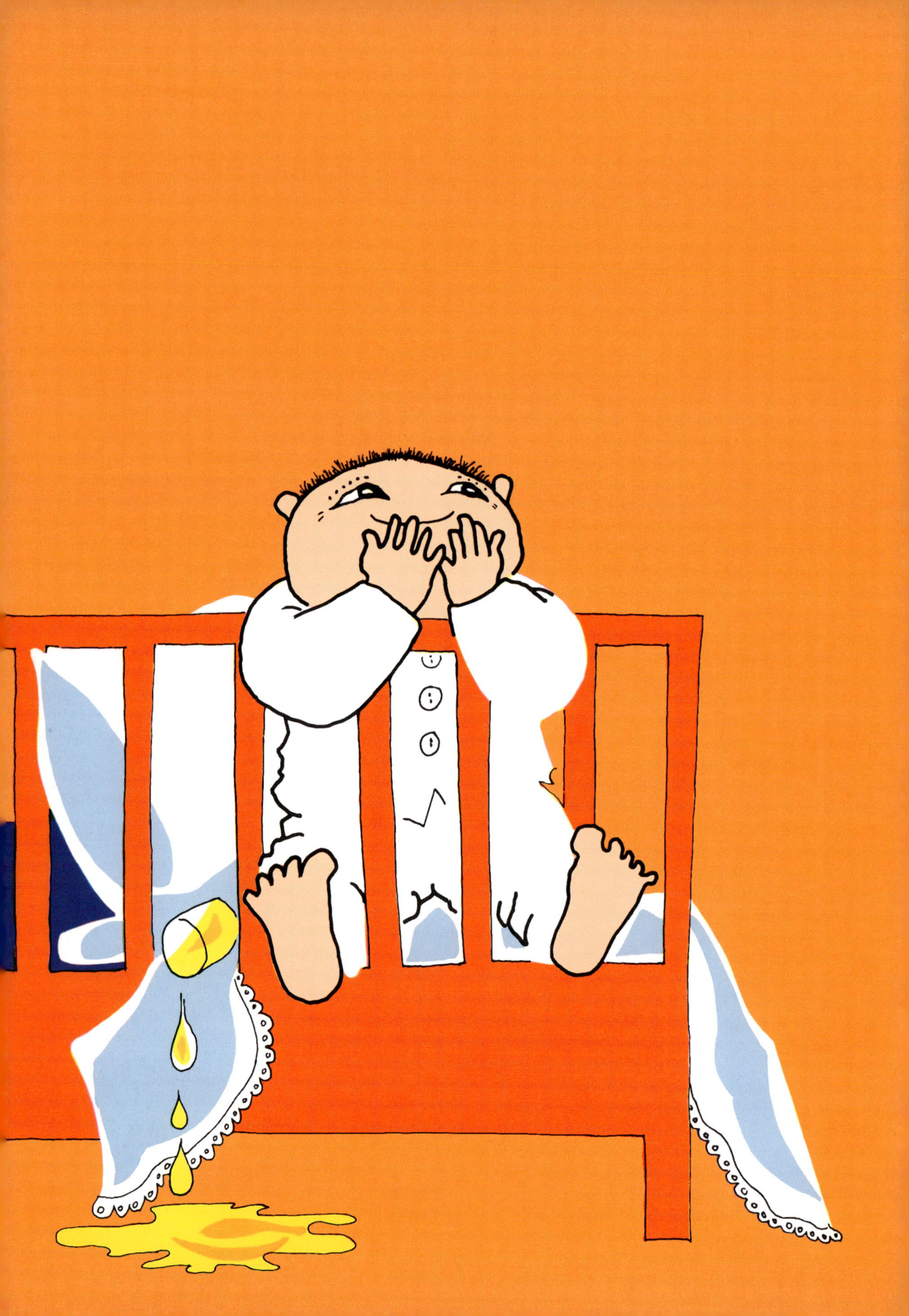

Gute Nacht, Willi Wiberg

Das hier ist Willi Wiberg,
vier Jahre alt.
Manchmal ist er ungezogen
und manchmal ist er nett.
Heute Abend ist er
ungezogen, denn er hat
schlechte Laune und keine
Lust zu schlafen.
Die Lampen auf der Straße
leuchten schon längst und
es ist schon nach halb neun.
Aber Willi will nicht schlafen.
„Lieber Papa, lies mir eine
Geschichte vor", bettelt er.

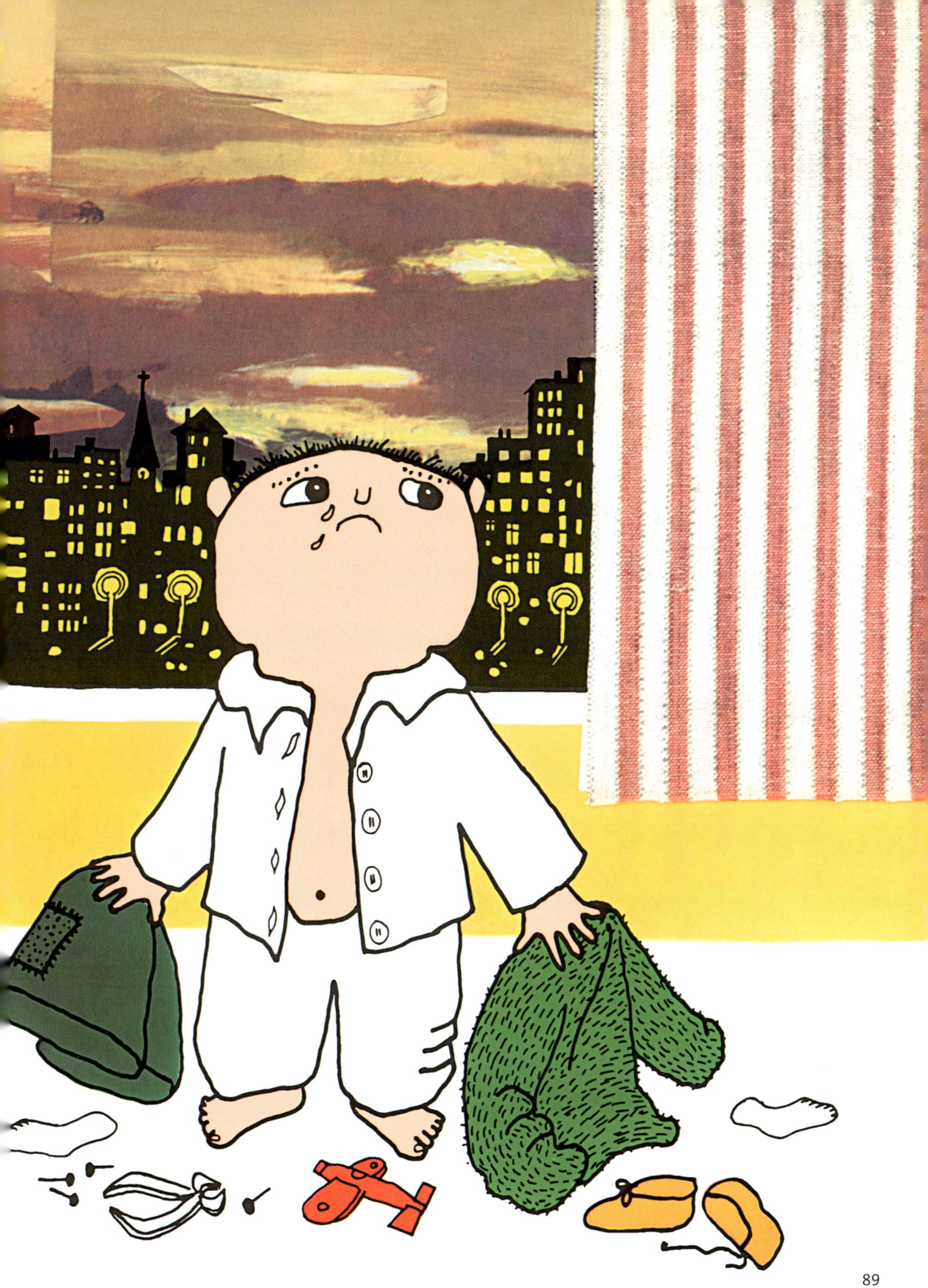

Das hier ist Papa.
Er ist fast immer nett.
Beinahe zu nett. Wie heute Abend.
Obgleich es schon spät ist, liest er eine lange, schöne Geschichte von einem Pferd vor. Dann gibt er Willi einen Kuss und macht das Licht aus.
„Gute Nacht und schlaf gut!", sagt Papa, als er aus dem Zimmer geht.
Aber Willi will nicht gut schlafen. Er will überhaupt nicht schlafen.

91

Plötzlich fällt ihm etwas ein: Er hat vergessen, die Zähne zu putzen.
„Papa!", ruft Willi. „Wir haben vergessen, die Zähne zu putzen."
Papa kommt mit der Zahnbürste und einem Glas Wasser.
Willi bürstet sich die Zähne. Heute Abend bürstet er sie besonders gründlich.
Jeder einzelne Zahn wird sauber.

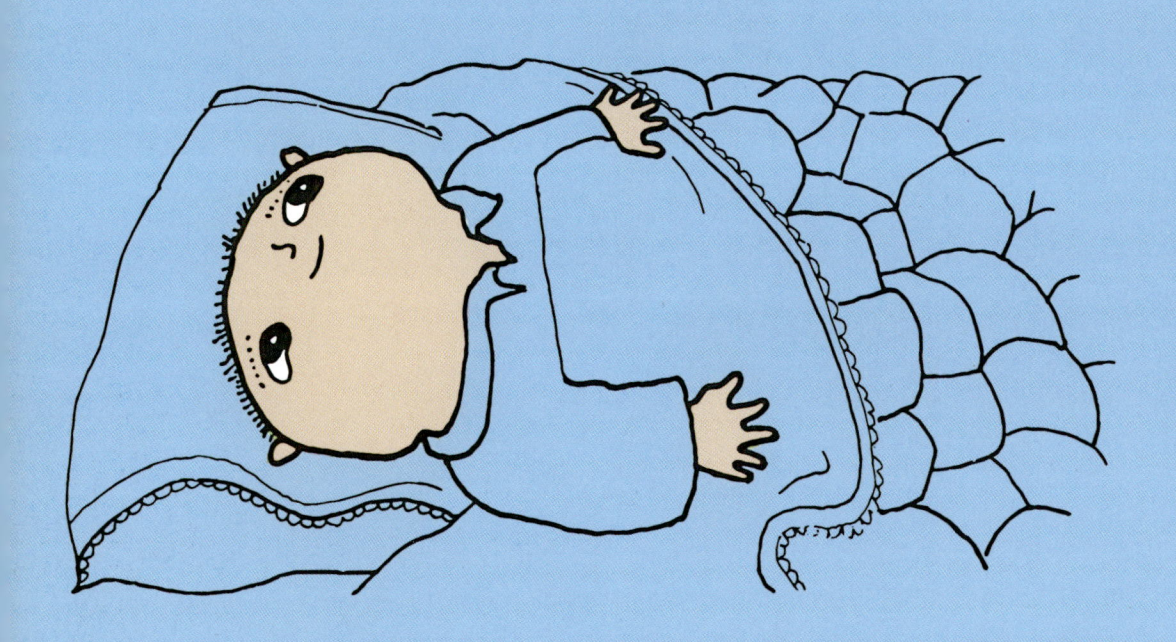

„Schlaf gut", sagt Papa und geht aus dem Zimmer.
Aber Willi schläft nicht.

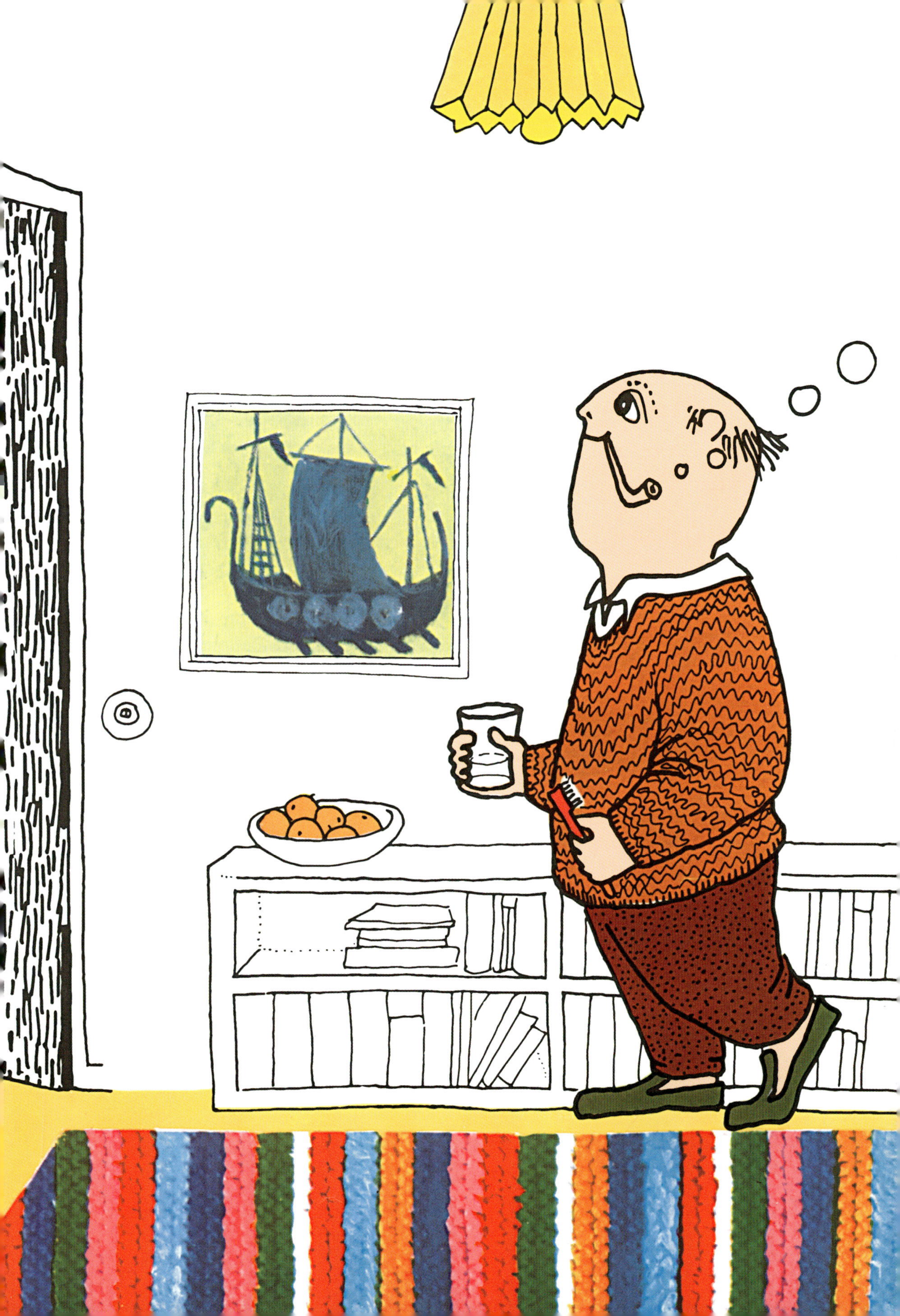

Erst jetzt merkt er, dass er furchtbar durstig ist.
Schrecklich, dieser Durst!
„Papa!", ruft er. „Ich bin durstig."
Und Papa kommt. Er trägt ein Tablett mit einem großen
Glas Saft. Willi trinkt.
„Nun schlaf gut", sagt Papa, als er aus dem Zimmer geht.
Aber Willi schläft nicht.

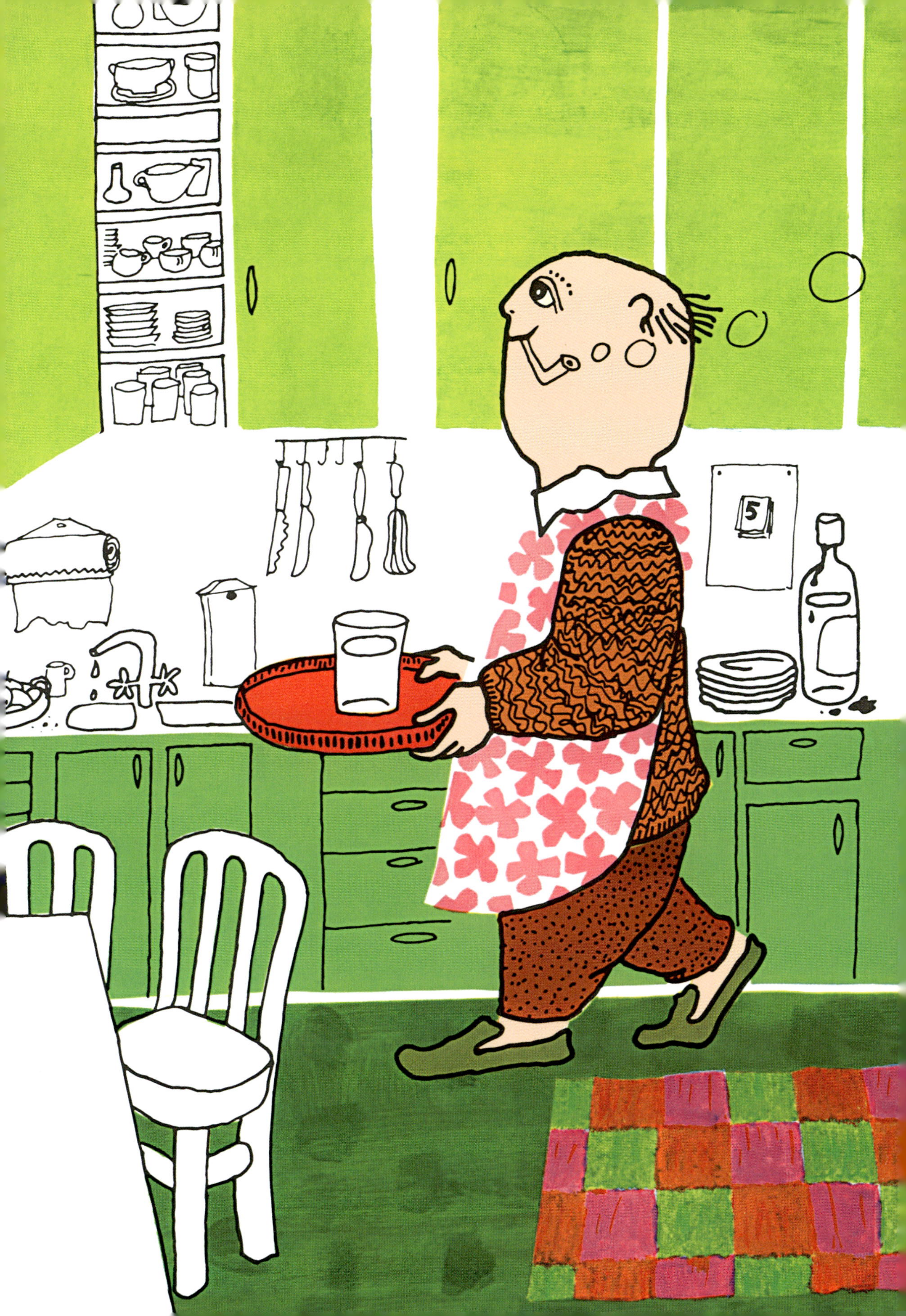
5

O weh! Der Rest vom Saft ist ins Bett und auf den
Fußboden gekleckert.
Oder hat Willi ihn absichtlich ausgegossen?
„Papa!", ruft Willi. „Ich habe gekleckert. Das Bett ist nass."
Papa kommt.
„Oje, oje!", sagt Papa, als er die Flecke sieht. Dann wischt
er den Fußboden trocken und wechselt das Bettlaken
aus.

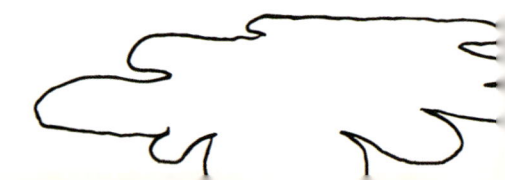

„Schlaf jetzt", sagt Papa dann und geht aus dem Zimmer.
Aber Willi schläft nicht.

Und nun muss Willi mal.
„Papa!", ruft Willi. „Ich muss mal."
Papa kommt. Er bringt den Topf aus dem Badezimmer mit. Es dauert eine Weile. Dann macht Willi ein paar Tröpfchen.
„Schlaf jetzt, mein kleiner Willi", bittet Papa.
Aber Willi schläft nicht.

99

Er liegt im Bett und denkt an den Wandschrank.
Vielleicht ist da ein großer wilder Löwe drin?
„Papa! Komm und guck mal!", ruft Willi. „Im Schrank ist
ein großer Löwe."
Papa kommt.
Papa guckt.
Papa findet – keinen Löwen.

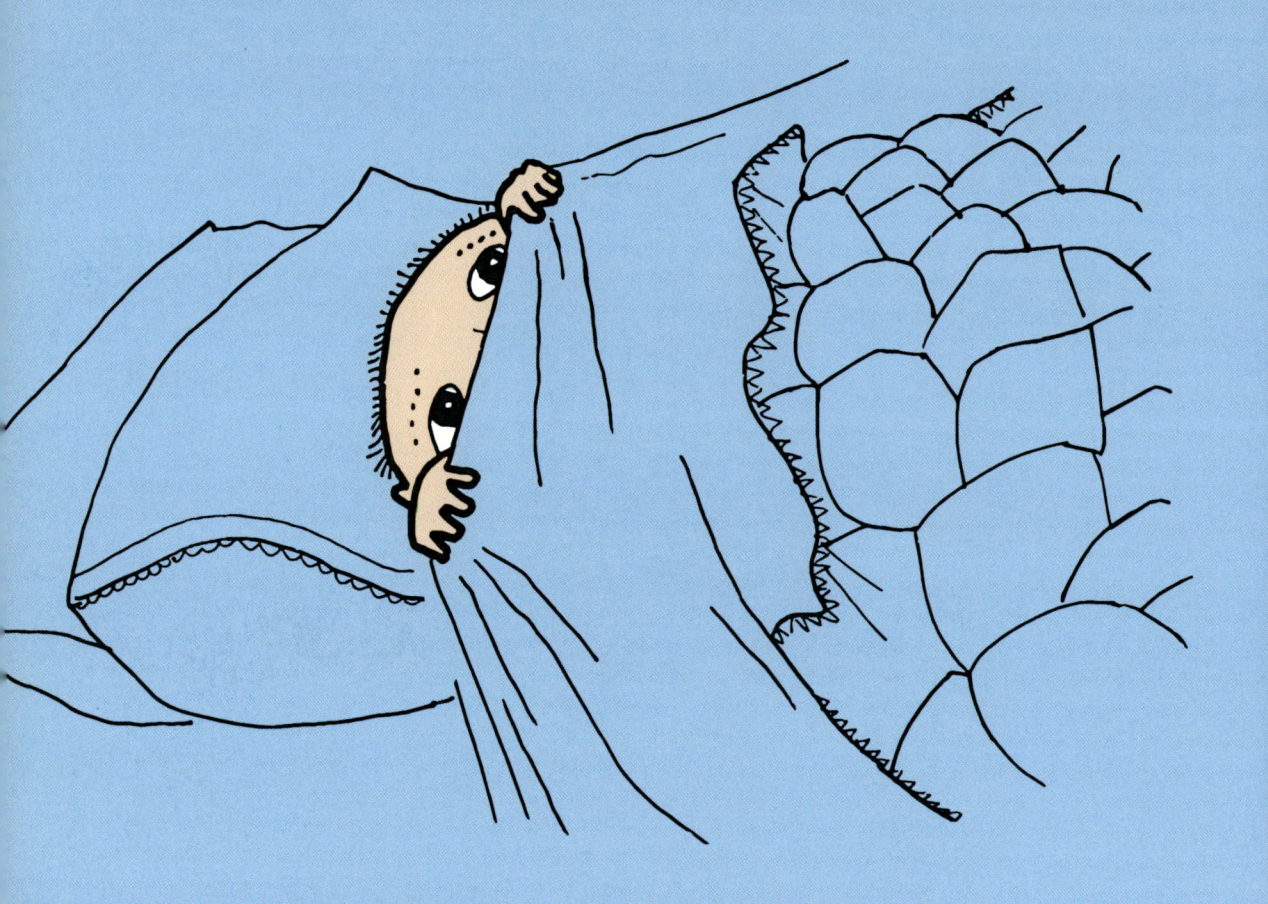

Dann sagt Papa: „Löwen sind nicht oft in Schränken.
Gute Nacht und nun schlaf gut und ruf auch nicht mehr,
denn ich bin ganz schön müde."
Aber Willi schläft immer noch nicht.

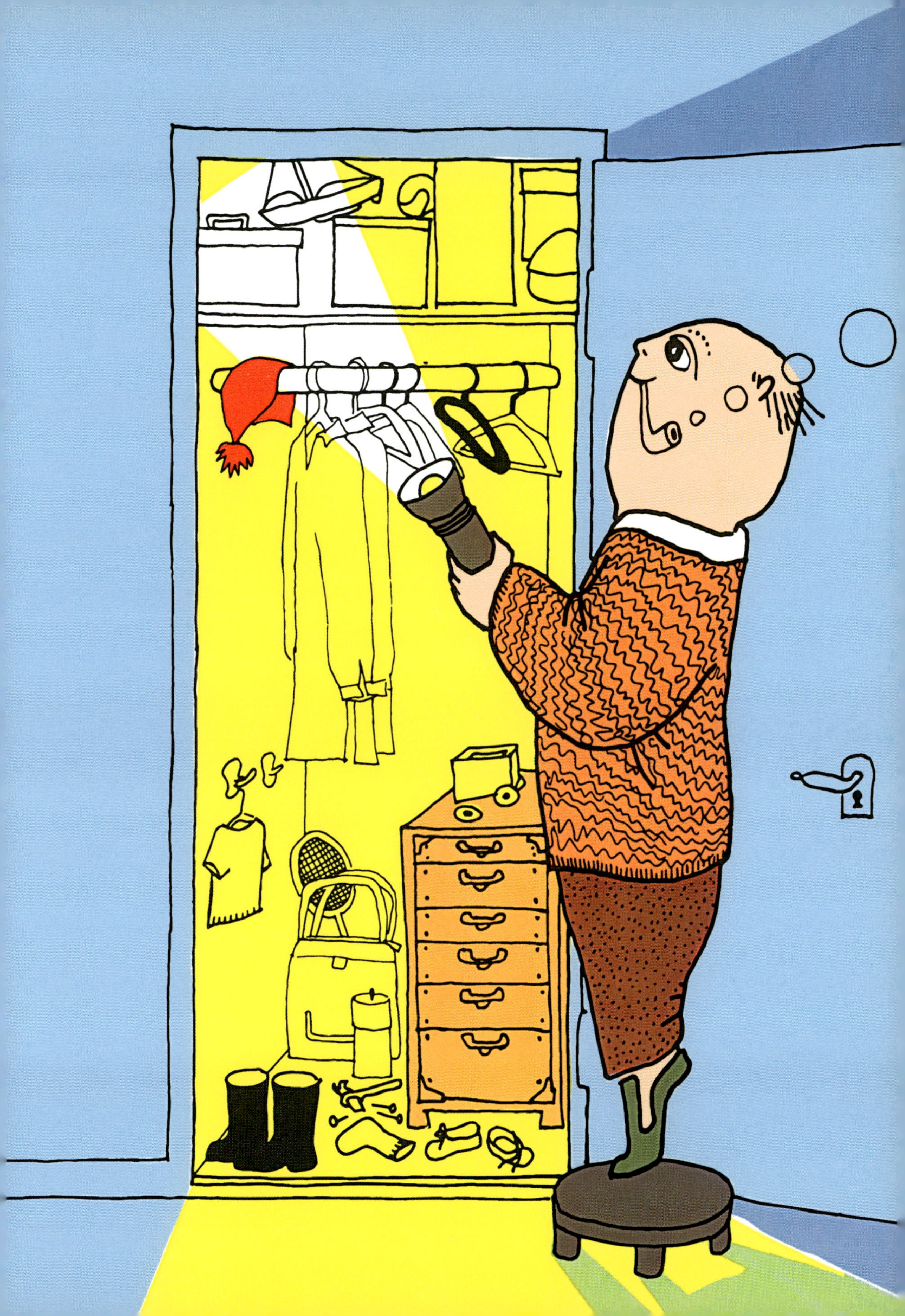

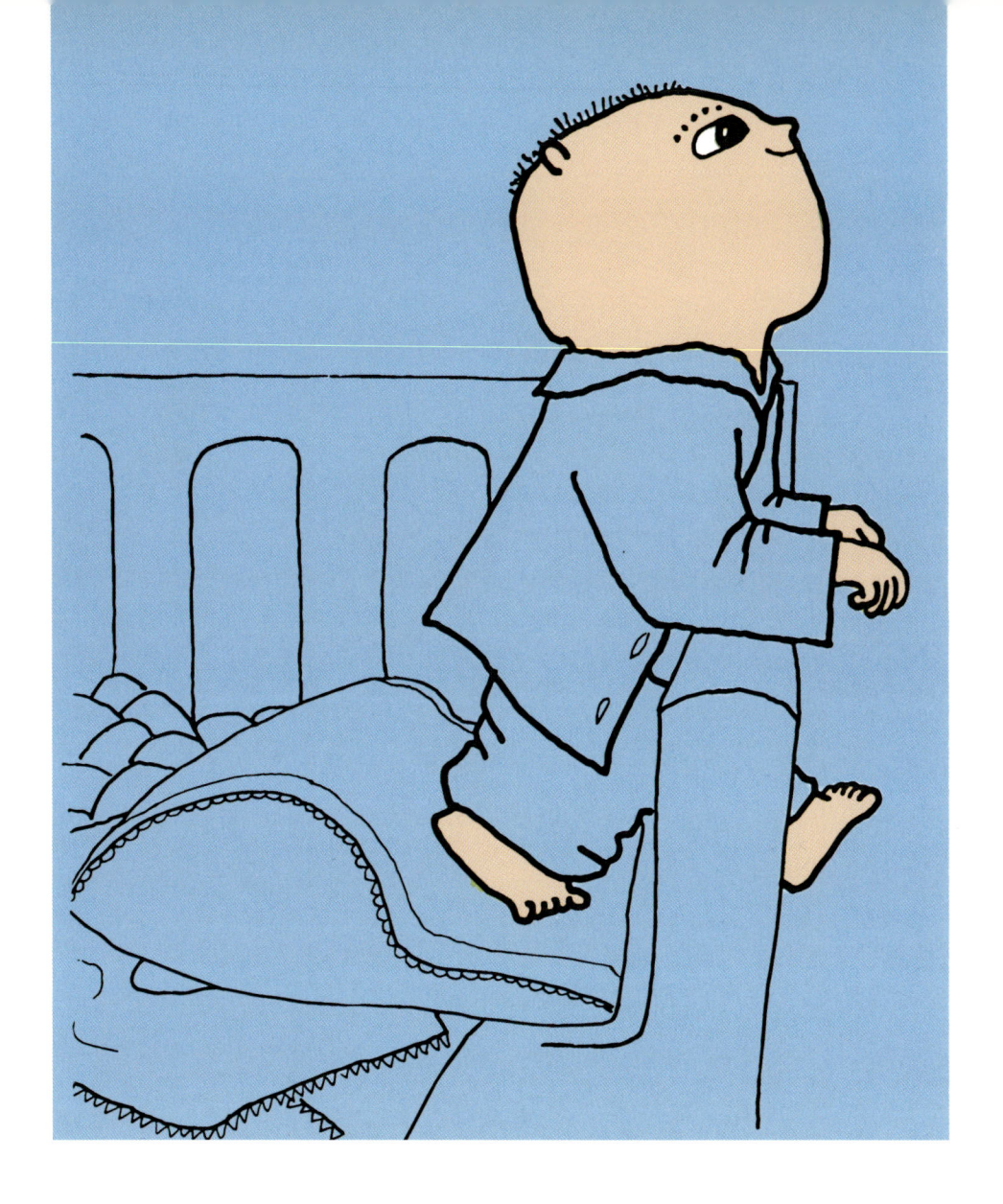

Wie soll er auch ohne seinen Teddy schlafen?
„Papa! Den Teddy!", ruft Willi.
Und Papa sucht den Teddy. Er sucht in der Küche und in
der Diele. Schließlich findet er ihn ganz hinten unter dem
Sofa im Wohnzimmer.
Aber Papa kommt nicht mit dem Teddy.
Wie komisch! Warum dauert es so lange?
Warum kommt Papa nicht?

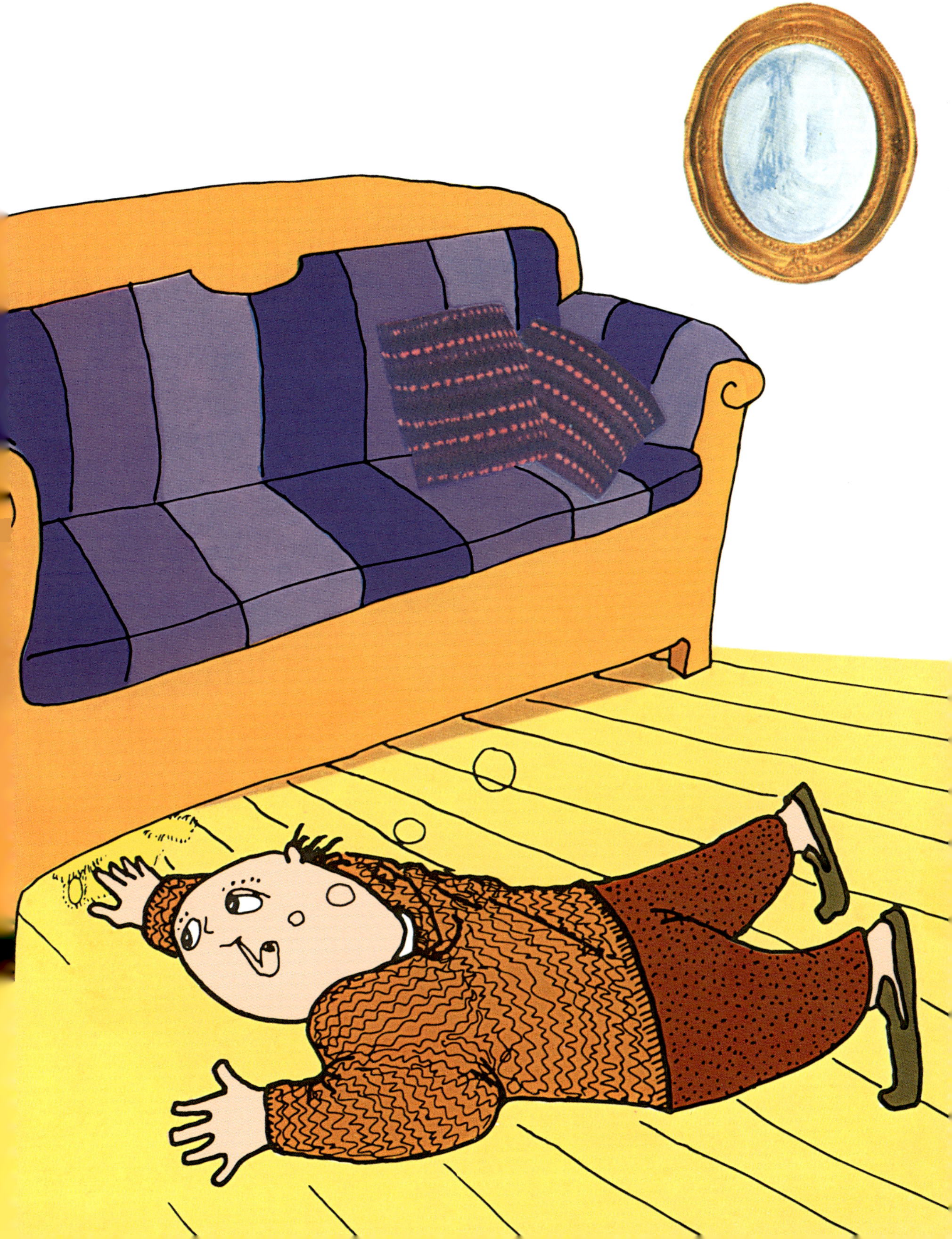

Ja, denk mal! Nun hat Papa:

eine Geschichte vorgelesen
die Zahnbürste geholt
Saft gebracht
ein Laken ausgewechselt
und den Fußboden aufgewischt
den Topf getragen
nach dem Löwen gesucht
den Teddy gefunden ...

... und ist dabei so müde geworden, dass er einfach auf dem Fußboden eingeschlafen ist, nachdem er den Teddy unter dem Sofa hervorgeholt hat.
Da liegt er und schnarcht ganz laut.

Willi muss lachen. Papa sieht so lustig aus, wie er da liegt und schläft. Willi nimmt eine Decke und deckt Papa gut zu.

„Gute Nacht und nun schlaf gut", sagt Willi, bevor er in sein Zimmer geht. Jetzt will er nicht mehr rufen. Ein Papa, der schläft, kann ja nichts mehr bringen. Und rufen macht nur Spaß, wenn dann jemand kommt, findet Willi.

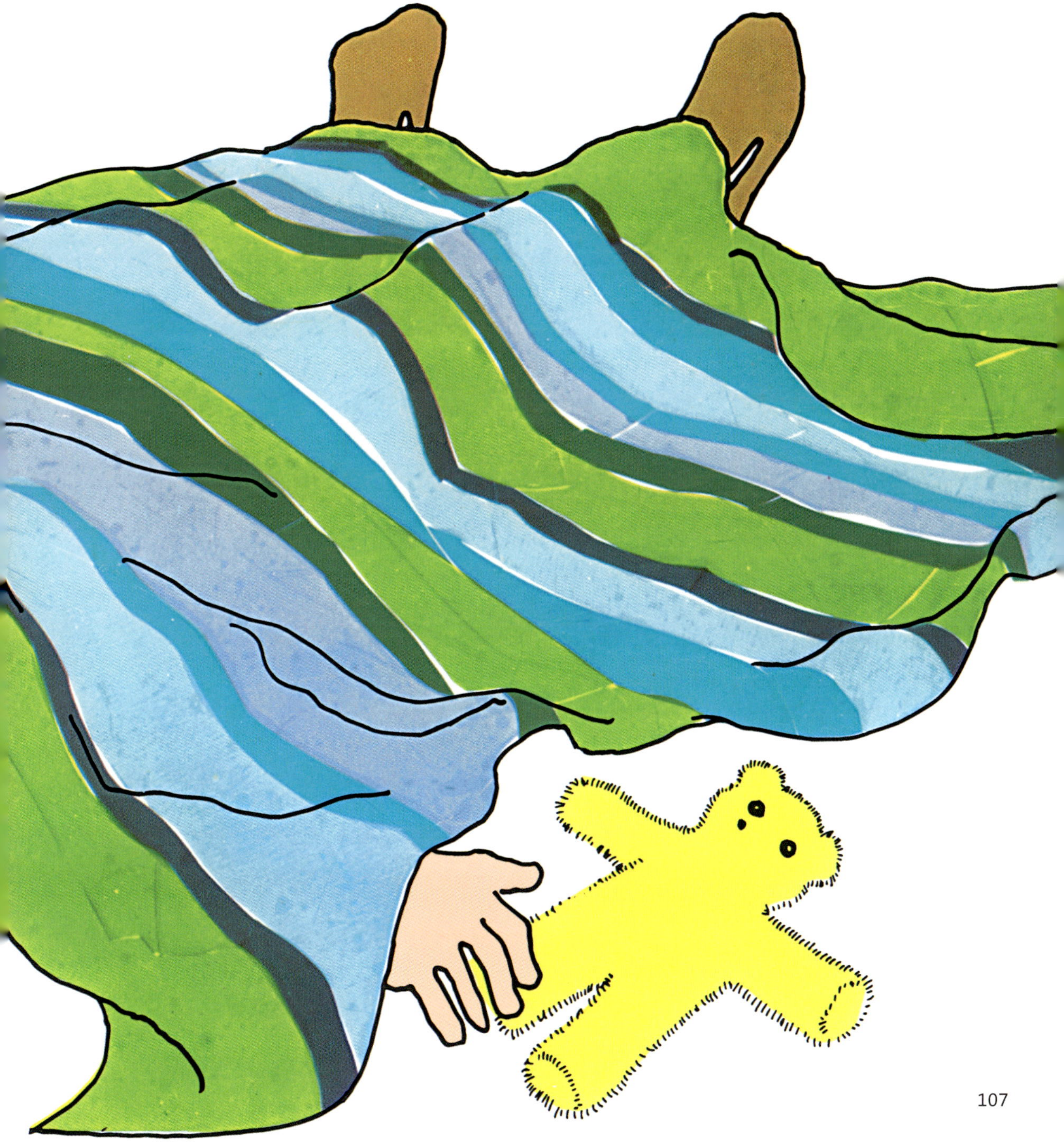

Und jetzt kann Willi gewiss auch schlafen.
Pssst! Leise! Ob er wohl eingeschlafen ist?
Ja, guck mal, nun schläft er ...

Gute Nacht, Willi Wiberg!

Gunilla Bergström, 1942 in Göteborg, Schweden, geboren, Autorin und Illustratorin, hat bisher mehr als 30 Kinderbücher veröffentlicht, für die sie u. a. mit dem Elsa-Beskow-Preis und dem Astrid-Lindgren-Preis ausgezeichnet wurde. Mit ihrer Figur Willi Wiberg, längst ein Klassiker für die Kleinsten, schildert sie psychologische Mini-Dramen des Alltags, denn „Kinder, denen ein Gefühl für den Zauber der Wirklichkeit vermittelt wird, sind besser für das Leben gerüstet".